新天理図書館善本叢書 12

世俗諺文 作文大躰

八木書店

例　言

一、本叢書は、天理大学附属天理図書館が所蔵する古典籍から善本を選んで編成し、高精細カラー版影印によって刊行するものである。

一、本叢書の第二期は、古辞書篇として、全六巻に編成する。

一、本巻には、『世俗諺文　観智院本』『作文大躰　観智院本』を収めた。

一、各頁の柱に書名等を記し、料紙の紙数を各紙右端の下欄に表示した。

一、解題は後藤昭雄氏（大阪大学名誉教授）、訓点解説は山本真吾氏（白百合女子大学教授）が執筆し、本巻の末尾に収載する。

平成二十九年十月

天理大学附属天理図書館

目次

世俗諺文

観智院本

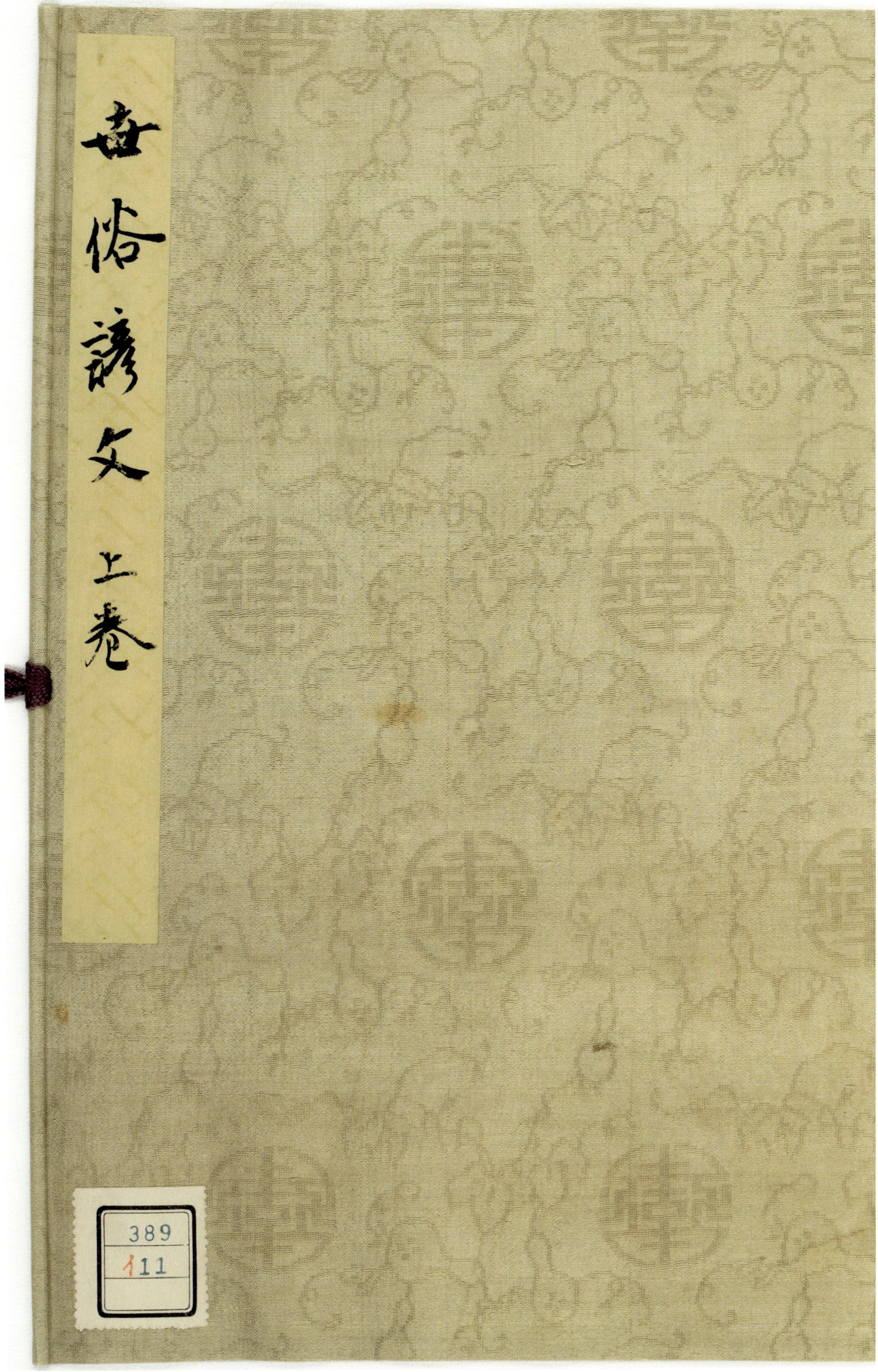
世俗諺文 上巻
389
111

世俗諺文　観智院本　上巻　見返し

世俗諺文　観智院本　上巻　見返し・旧表紙

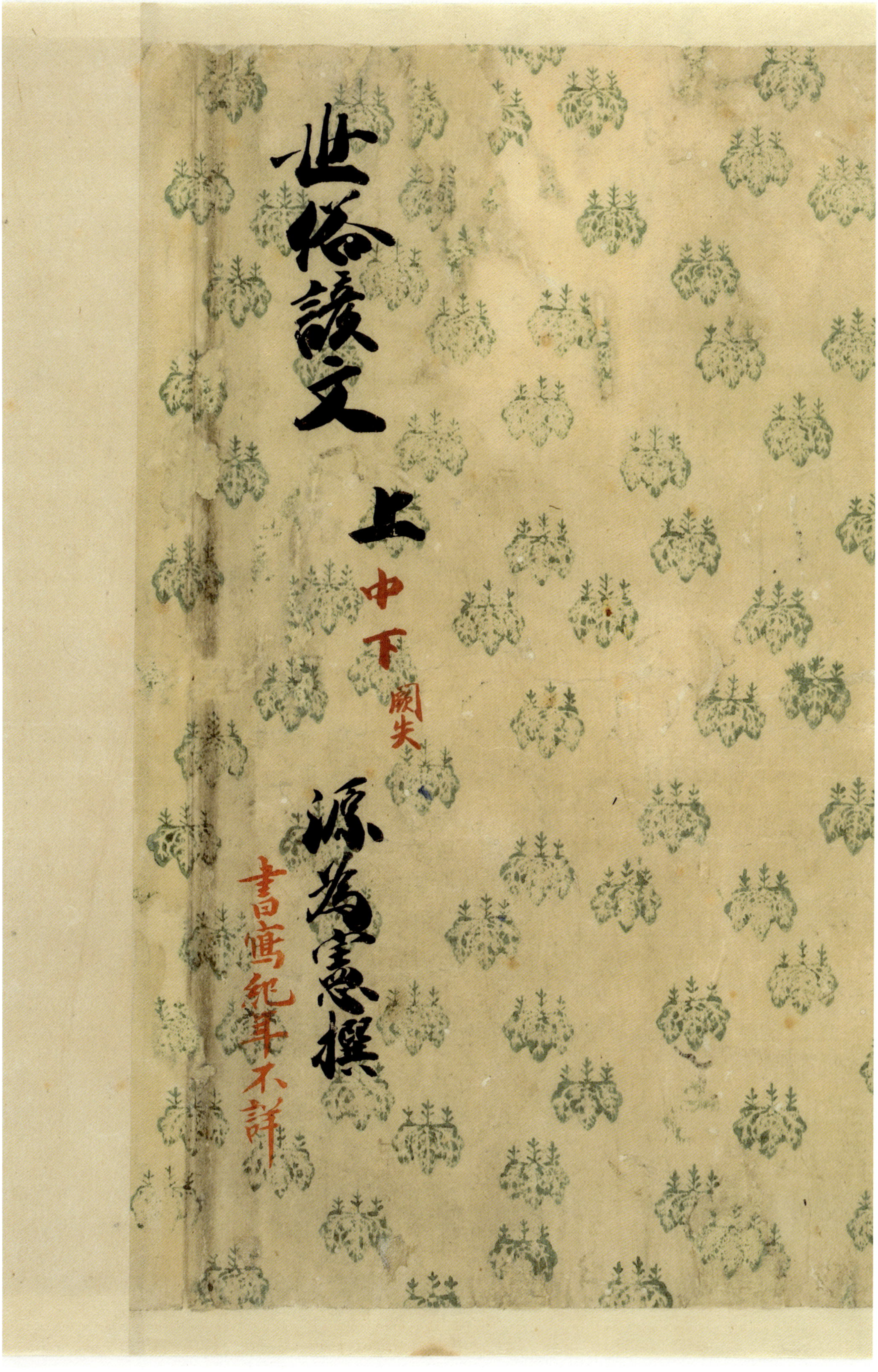
世俗諺文
上
中
下
闕失
源為憲撰
書寫年紀不詳

抱石入淵　天道無親　天道張弓

不怨天　不尤人　飄風不終朝

井底鼃　大鳥之道遥同　龜曳尾於泥中

文王弗取文学一石　天自懸甲　為鷄頭

小為庸　抗之則在青雲上北叟出

不知黄雀在後　有角無牙　積善之家

桑榆非香　徳不孤　千丈高門

有陰徳者必有陽報　隠行者有顕名　陰徳

有陰徳者必有陽報、陰行者有昭名、陰徳

以徳報怨　情為恩使　得魚忘筌

末大必折　木馬同　無可無不可

上巻

[illegible]在　神不享非禮　大地為的

[illegible]火　佛受積供養　風催稽焼

?頭火　佛受供養　國俾?燒

邑中蟲食師子　有諍　天無二日

君所無私諱　尭子不尭　王事靡盬

溥天之下莫非王土　邦有道則智　天子無戯言

山呼万歳　皷腹　四海為家

守不出外　尭舜之民比屋可封　桀紂不翦

綸言如汗　自近及遠　政有弛張

鑄劔戟為農器　遠有佞夫　靡風草

綏帯　俟河之清　黄河清而聖人生

如優曇華　千載一遇　下吾帰識同

如優曇華　千載一遇　不若歸織網

曲木悪墨縄　香餌之下着懸魚　跼高天蹐厚地

温樹不語　一可以辜百君　履薄氷

巧偽不如拙誠　戴星　犬馬忠情

直如弦　良薬苦於口　忠言逆於耳

畏四知　延文之吉　蟷蜋廻車

非熊非羆　身體髮膚稟于父母　父子之道天性也

父雖不父不可子不子　父子不同席　父在子無財

父母在不稱老　父子不同位　七人子不養一人母

父母存不稱老　孝[illegible]　[illegible]

螟蛉取人子為己子　赤子　各言其子

穉子貴如父　骨肉之親　千金之子不死於市

翁子無歎　因學不失其子　五月生子

雨子前生為兄　父不慈則子不孝　母愛者子抱

舐犢　產婦啗鯉　軒渠　大取則大得福

里名勝母　家貧親老不擇官仕　反哺烏

兵衣　兄弟閲于牆　四海兄弟

胡越為兄弟　三從　嫁[illegible]不息燭

背[illegible]　孤露　歸[illegible]

偕老　松蘿　野合
同穴　牝鶏之晨　糟糠
赤縄　黒歯　媒妁
犬不吠　秋行　大豆進
令撥蜂　頸上刺針　教婦初来
知人則哲　揩イ　知人未易　美女者悪女之仇
陳力就列　囊中錐　國器
聞善若驚疾悪如讐　南山之豹　周公之才
後生可畏　帰着毀　孔席不暖

所月

後生可畏　席著瑟吾　孔席不暖
思齊　善者從　見善如不及
見義不爲無勇也　從善如流　市駿骨
亂從亘　人而无禮胡不遄死　安不忘危
誰何　太器晩成　鷰雀安知鴻鵠之志
割雞焉用牛刀　鉛刀一割　九牛之一毛
有智無智隔卅里　嗔人責我　嗔則禱言
嗔似手搔皇　上氣者更人出　老馬智
老將智而耄及之　老言可用　白駒過郄
百發至天　學豊之留　面貴人之前破

老將社之奉老之父光之…　白馬逃處

富貴在天　浮雲之富　富貴人之所欲

富而無驕　閒居　九年之儲

青蠅集　貧而樂　貧者士之常

无立錐之地　家貧思良妻　藜藿之羹

馬先於瘦人先於貧　人貧短智　聞一知十

多聞多見　獨歩　傍若无人

七歩才　賢者一失　孔子仆

尺有所短　丈已上積且所　無友不如己者

淡水之交　白頭如新　彈冠

淡水之交　白頭如新　彈冠
芝蘭交　一人向隅滿座不樂　客久主勞
女爲說己者容　鍾子期死伯牙絶絃　儀君畏
席不正不坐　一諾　不念舊惡
濕而不繡　在上不驕　不飲盗泉
道不拾遺　窮鳥入懐　鳳翔千仞覧輝
十世孫　青鳥使　鷄犬舐藥因昇天
東様　東海爲桑田　洗耳
南山四皓　滄浪之水清可濯我纓　敎者學之半

知

高山仰晧　滄浪之水清可以濯纓　孝先…

温故知新　不遠千里　前事不忘後事之師也

一巻師　文章数奇詩人薄命　文人相軽

非知之難　獲麟　一字千金

書厨子　屋下架屋　牀上蓋

文室邊雀　借者白癡　獨学無友則孤陋寡聞

切磋琢磨　行有餘学文　韋編三絶

如日出之光　如秉燭夜行　朝聞道夕死可矣

下帷　不恥下問　人能弘道

學也禄在其中　…之務　學而知之者次也

學者祿在其中 心之秘尙

學而知之者次也

青於藍 口業 折桂枝

鳥迹 草聖 識子孫

千里面目 麁白 折角

世俗諺文序

叙曰鳳凰之雛雖有羽翼斷習千飛騏驥之駒非

無歸獨學馳騁物既有之人亦宜尓詹事府負

無歸獲學財駮物院不之人永宜其不篤尾事府負
外孫尹留千春日秋好以文學畜斯時也天下之士
陰　家君左相府來問者衆焉殆如周公旦之日見
七十人也或尊爲師其讀書也不改函丈之礼或論
如交同誦句也今天振未之悟於是各抄諸書所勸
鑽仰去夏古僕爲學賜參州前刺史齋擧直幹集
我朝古來七言詩秀句一卷命曰可如意遍矣僕辟席
稱曰擧直本孔門之藤雄已其人也假令新撰他文雖
下唯黄矣孫尹適爲一門言偶如煮也聞如也其妄禍
上卷閑目習羽被口類者過抄爲是望不覺手月餘或

是老爛目昏闇散心懶通邪寫侵豈不恍乎月餘或
人告曰傳聞諺語所謂親曰為無有所從來不知何書
者安知之哉忽驚此告恍忽失度章也若無所來言之為
無所來處之為無信之謹矣但亦何為我百家衛多九流
訊欲閑欲求使於政務之文則來遊說奇帝閑欲集
備於風月之書則多聞人之遊戲夫言語者自宋俗諺
若多出經藉雖澤叢奇書為衛談巻說然奇若不知
本所出矣抱朴子云所謂見其景而不識其形尚其流
不知其源者彼是以世之口實內外本文備見所及且百

改之

不知其緒者彼是以世之口實尋所本文章是一門及且一百
廿十二門六百卅一章勒成三卷名為世俗諺文此外漏略
追將編錄後之見者悉差裨補但有諱於代有憚
於是言之類捨而不取是白氏洛中集讚理世安樂之時
陰謔惑佗戒之作之例也其餘經史散旨滿在緗
不然言證者亦無據之矣彼張安世之膺獲武章非
專明於故事郤羅方進之舉薩道蓋是重習於古法
也詞識雖舊豈又捨諸於臧否金者塩也政王者石也
躍錦者魚也滉布者灰也用賤歎貴物之理也聊
管編六帙卅卷之才疏字消欲於教誨之詞以頒

皆遍以汗牛溢之才数宗脩露於教誨之術伏願
綺甲之稚童粗脩之于時寛弘四年丁未歳秋月十七日散[illegible]
朝散大夫源為憲序

世俗諺文上巻

散班朝散大夫源為憲撰

祭如在
論語子曰祭如在祭神如神在
神不享非礼
左傳云晉狐突語太子申生曰神不享非礼民不祀非族

右傳云：孝等諸大夫曰：神不享非禮，民不祀非族。

大地為的

法苑珠林云：見寶藏經云：佛為文王説一切皆是佛。
王問：一切衆生即是佛，不佛者若如實見衆生於其
即是佛。稱頭此語若不如實見佛於其則非聖。
譬初學射的者，先以地為的，無往不著。

如拯頭火

一觀經云：若菩薩出家菩薩於晝夜如是觀
六十一切貪世間受五欲樂，精勤修習求壽數是捨如
去頭上火，如救頭燃，懺悔過去先罪

去頂石如救頭燃百年懺悔過去先來
不實精行之是所作為滿菩提分法故精進由如救
頭燃求寐懺悔菩提
佛受懺從喜
阿含經云世尊一時遊鞞舍離大林之中介時諸比丘
具鉢落地時世尊鉢在其中有一獼猴持佛鉢
去走諸比丘訶恐破佛鉢佛告諸比丘止々莫訶不
破鉢也時彼獼猴持佛鉢去至一娑羅樹徐々上
樹於娑羅樹上取蜜滿鉢徐々下樹還佛所即

樹於鬱羅樹上取蜜滿鉢從下樹還佛所
以蜜鉢奉世尊〻〻不受時彼獼猴却在一面
取蟲去出院去出已還持上佛〻復不受獼猴復還
却在於一面取水著蜜中持還上佛世尊便受
獼猴見佛取蜜鉢已歡喜踊躍却行墮坑而
死命去也
西域記云吠舍釐城石柱南有池有云都是獼猴
持如來鉢上樹取蜜之處池南不遠有窣都波
是獼猴奉佛蜜處也
鳳雀禽號

蝨催禅焼

勸其禅去久遠世計劫尒時有佛出于世

號曰應顯十號、佛滅度於像法中有一丘

禅坐獨住林中、尒時坐常患蝨、即便

共蝨而作要言我若坐禅汝宜嘿然莫惱

住其蝨如法於後一時有一蚤来至蝨邊向

言汝云何身軆肥肉肥圓、蝨言我依主人、供

禅定故我飲食時節、我如法飲食故所以

身軆肥、蚤言我亦欲供大法、蝨言縦今随

身躰肥蚤言我无始佛去日無言然人阿
意今時比丘尋便生瘡。今時[illegible]聞血肉香
即便食噉比丘。比丘生苦惱。即便服化嬈大佛
言今時比丘者今迦葉佛。尸棄今等正覺者今
提婆達多是。今[illegible]者今我身是。今世尊
文衣也世曰稱者詳之也
師子身中虫自食師子
仁王經云、如師子身中虫自食師子
寶梁經云、譬如師子王死已、虎狼鳥獸無食其
肉者。師子身中自生諸虫、還食其肉。於佛法中

肉者師子身中自生諸虫還食其肉於佛法中
出家比丘貪惜利養不戒無法不依善法是悪
比丘能壊我佛法

有諍臣

孝経云子曰昔者天子有諍臣七人君雖
諸侯有諍臣五人雖無道不失其國大[illegible]
三人雖無道不失其家士有諍友身不離令名父
有諍子身不陥於不義矣

天無二日

天無二日

孔子曰天無二日土無二王家無二主尊無二上

示民有君臣之別也　史記云高祖五日一朝太公如

家人父子礼太公家令説太公曰天無二日土無二王

今高祖雖子人主也太公雖父人臣也奈何令人主

拝人臣如此則威重不行後高祖朝太公擁篲

迎門却行高祖大驚下扶太公曰帝人主也奈何

以我乱天下法於是高祖乃尊太公為太上皇心

善家令言賜金五百斤

吾何元始鮮

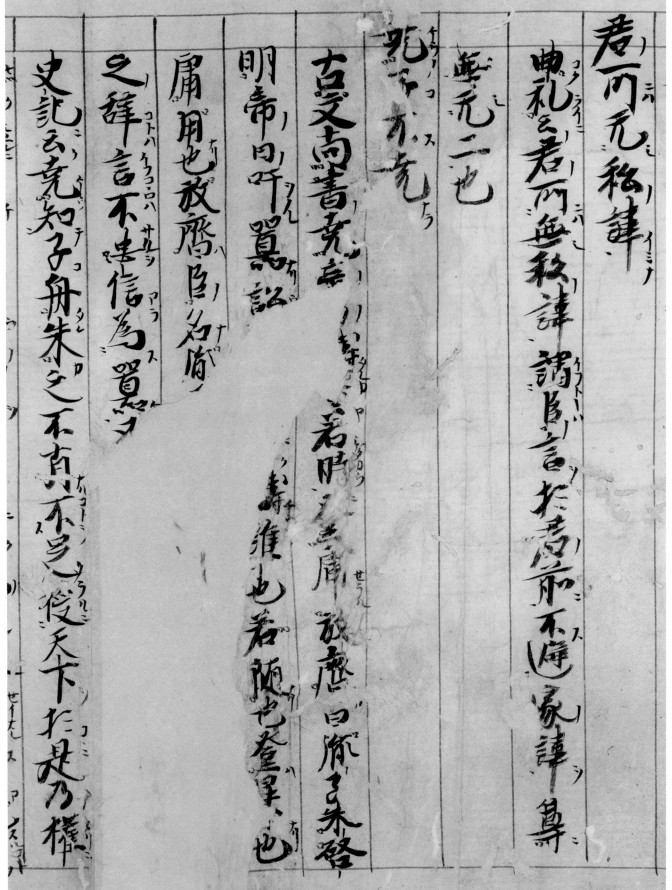

君所无私諱
曲禮云君所無私諱 謂臣言於君前不辟家諱尊
無二也
死者不亡
古文尚書堯典 帝曰疇咨若時登庸 放齊曰胤子朱啓
明 帝曰吁嚚訟
疇誰也 若順也 登舉也
庸用也 放齊臣名 胤
之辭 言不忠信為嚚訟
史記云堯知子丹朱之不肖不足授天下於是乃權

史記云堯知子丹朱之不肖不足授天下於是乃權
授舜授舜則天下得其利劉子云堯之大聖不能化其
子丹朱之惡周公雖賢不能正其二弟之亂

王事靡盬

毛詩云王事靡盬憂我父母臣箋云靡無也盬不堅
固也王事无不固也　孔云盡力勤勞於役久年
不得歸養父母是已不下　今案上言太子絶上疏
章十七年左朝家王事靡盬在其年因仰旨
載日本紀師説王事靡盬
溥天之下莫非王土

溥天之下莫非王土

毛詩云溥天之下莫非王土率土之濱莫非王臣注云溥大也

率循也濱涯也箋云此言王之土地廣大也矣王之臣

又衆矣何求而不得何使而不行

邦有道則智

論語云子曰寗武子邦有道則智邦無道則愚其智

可及也其愚不可及

天子無戯言

史記云周成王与叔虞戯削桐葉為珪以与叔

史記云周成王与弟虞戯削桐葉為珪以与
虞曰以此封汝史佚曰天子无戯言遂封於唐

山呼万歳
史記云漢武帝元封元年正月東巡幸緱氏登礼
中嶽太室従官在山下聞若有言万歳云問上上
不言問下下不言於是以三百戸封太室奉祀
命曰崇高邑　漢書郊祀志云帝幸緱氏登礼
中嶽太室従官在山上聞若有言万歳云問上上不
言問下下不言乃令祠官加増太室祠

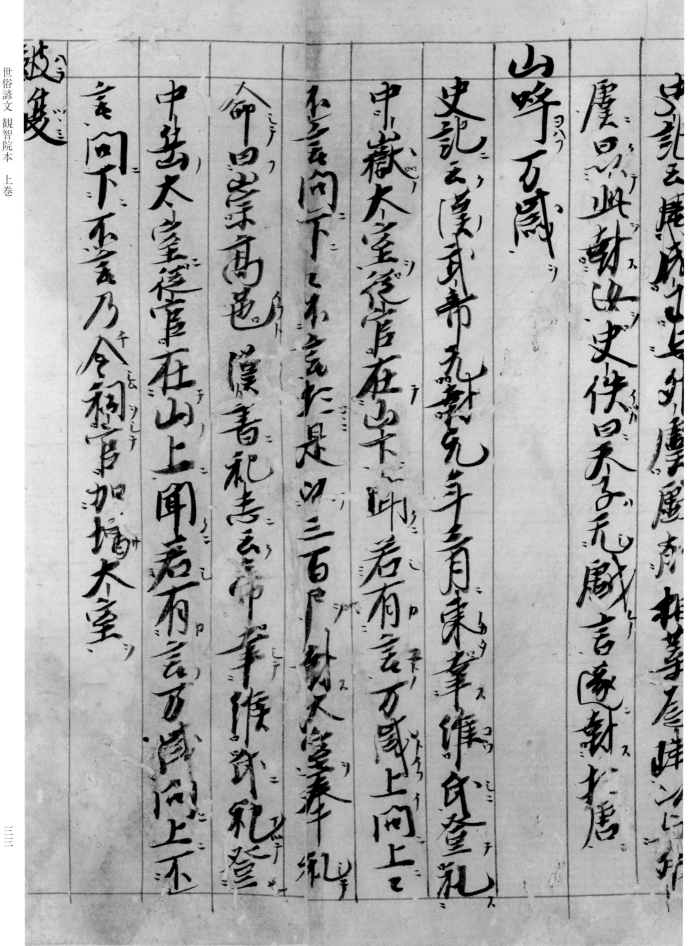

破鏡

皷腹

庄子云昔華胥氏之時人居不知所爲行不知所
之含哺而遊皷腹而遊矣

四海爲家

左傳云子曰秦王以四海爲家其所居半天也而安不足
以及子不亦至於乎　後漢書云已若四海爲家此人
爲子一夫不耕天下受其飢一婦不織天下受其寒

守在海外

文選張平子東京賦云且夫天子有道｜｜｜｜　注

文選張平子東京賦曰是天子有道〻〻〻〻

薩埵云言四義者為良僕也良善曰左氏傳沈尹

戎子

戌云古者天子守在四夷

堯舜之民可比屋而封

劉子曰堯舜之民可比屋而封桀紂之民比屋而可誅

茅茨不剪

墨子曰堯舜茅茨不剪采椽不刊

文選張平子東京賦慕唐虞茅茨思夏后

之卑室注李善曰説文曰茅茨蓋屋也

訥言敏行

綸言如汗

礼記云、王言如絲、其出如綸、王言如綸、其出如綍。

曰言出於大云、綸言如汗、出而不反。

自邇及遠

文選曹子建求通親表云、蓋堯之為教、先親後疎、自近及遠。其傳云、剋明峻德、以親九族、九族既睦、平章百姓。又尚書堯典。

政有施張

礼記云、政有施張、法存弛革。

礼記云政有施設法存法革
鑄劒戟為農器
孔子家語云孔子与弟子登農山曰各云尓志顔
回曰願得明王聖主而事之鑄劒戟以為農器也
逸有得失
論語序云列見不同互有得失
靡風草
論語子曰君子之徳風也小人之徳草也草尚之
風必偃
緩帯

緩帯

朝野僉載云一人在朝百人緩帯

俟河之清　丹丘千年一焼黄河千年一清
今案云同趣也出王子年拾遺記第一

周易云千年一聖人生則黄河清

左伝鄭子駟曰周詩有之曰俟河之清人寿幾何杜預曰逸詩也言人寿促而河清遅也

黄河清而聖人生

文選李蕭遠運命論曰夫黄河清而聖人生

咒易乾鑿度曰帝王将起河水先清先白変赤

武王身氣發王度曰帝王將興起之日水先清光白憂
々憂里々憂曇各三百也
如優曇華
法華經云佛告舍利弗如是妙法諸佛如來時
乃説之如優曇華時一現耳
又句云優曇花者此言靈瑞三千年一現々則
金輪王出表三世調熟之後方説妙法授法王記
千載一遇
文選三國名臣序賛云千載一遇賢智之嘉會也
王莽善曰東觀漢記云大夫官曰耿況彭寵俱遭

彭竊

匡李善曰東觀漢記云大夫官曰耿況彭寵俱遭
際會順命秉風列為蕃輔忠孝之策千載一
遇也

不若歸織網

淮南子云臨河而羨魚不若歸家織網

曲木悪墨縄

尚書云惟木従縄則正君従諫則聖臣云木以縄
直君以諫明也

正典云曲木悪直縄重罪悪明證直縄者曲木

正典云曲木悪直縄姦邪悪明證直縄者曲木
之所憎公平者姦道之所悪
香餌之下必有懸魚 桃李不言下成鷄馬西於河同事畢已
史記云香餌之下必有懸魚重賞之下必有勇夫
跼高天蹐厚地
毛詩云謂天蓋高不敢不跼謂地蓋厚不敢不
蹐維號斯言有倫有脊箋云跼曲蹐累足是倫道
脊理箋云局蹐者天高而有雷霆地厚而有
淪此民疾苦王政上下皆可畏怖之言
盈對不語

温樹不語
漢書云孔光性謹慎有所言輒削草藁兄弟妻子
燕語終不及朝省政事或問温室省中樹皆
何木也光黙不應更答以他語其不泄如是也
一心可以事百君
春秋傳云梁丘據問晏子曰子事三君〻不同心而
子俱從焉固多心乎對曰一心可以事百君百
心不可以事一君即知侯本朝廷不知一心
履薄氷

履薄氷

毛詩云戦戦兢兢如臨深淵如履薄氷

巧偽不如拙誠

説苑云楽羊為魏将而攻中山其子在中山
懸其子以示楽羊楽羊不為衰志攻之愈急中山
因烹其子而遺之羹楽羊食之尽一杯中山
見其誠不忍与戦果下之遂為魏文侯開
地文侯賞其功而疑其心孟孫猟得麑使秦
西巴持帰其母随而鳴秦西巴不忍縦而与母
孫還而逐西巴以居一年召以為太子傅

孫怒而避己以居一年召以為太子傅左右
曰秦西巴有罪於君今以為太子傅何也孟孫
曰夫一麑而不忍又親将能忍吾子乎故曰巧偽
不如拙誠楽羊以為功見疑西巴有罪益信仁与不仁之

戴星

呂氏春秋云宓子賤為單父弾鳴琴身不下堂
而單父化巫馬期以星出以星入日夜不居以身
親之而單父亦化巫馬期問其故於宓子〃〃曰
我之謂任人子之謂任力〃〃者固労任人者
[illegible]

我之謂任人子之謂任力〻〻者固労任人者
固逸宓子則君子矣

犬馬忠情

史記云丞相青翟曰臣不勝犬馬心
文選曹子建上詩表云踊躍之懐瞻望反側不勝

犬馬戀主之情

直如弦

風俗通云順帝之末京師謡曰直如弦死道邊曲
如鈎反封侯也

良薬苦於口

良薬苦於口
説苑云孔子曰良薬苦於口而利於病忠言逆於耳
而利於行故武王諤々而昌紂嘿々而亡君無
諤々之臣父無諤々之子兄無諤々之弟
忠言逆於耳見上注
畏四知　注三惑　蒙求云震畏四知見上注　帝王三惑
注云楊秉[illegible]酒色財也
東観漢記云楊震為東莱守道経昌邑々令王密
故震所挙秀才也夜懐金与震云夜無人
知震曰天知神知子知我知己有四知遂不受

知震曰天知神知子知我知已有四知何遂不受

疋夫之志

論語子曰三軍可奪帥也疋夫不可奪志也注云三軍雖衆人心不一其将帥可奪而取之疋夫雖微苟守其志不可得奪

蟷蜋廻車

荘子云蟷蜋怒臂以當車轍不知不勝任也是亦之義者也非不有義才須不勝任也

韓詩外傳云齊荘公出獵有蟷蜋挙足将搏輪問其御者曰此何虫對曰此當蜋也為虫知進而不

問其御者曰此何虫對曰此蟷螂也為虫知進而不
量力其輕敵庄公曰此為天下勇夫迴車勇士歸之
非熊非羆
史記太公望呂尚東海上人以魚釣奸周西伯昌
將出獵卜之曰所獲龍非彲非虎非羆所獲
覇王之輔西伯獵果遇太公渭水之陽
与俱歸也立為師云文王卜田史扁為卜田渭水之
之陽將得非熊非羆天遺汝師文王齋而
三日田于渭濱卒見呂望坐茅以漁遂載而歸

三日田于渭濱卒見呂望坐茅以漁遂載而歸

身體髮膚稟于父母

古文孝經云身體髮膚稟于父母弗敢毀傷孝之始也

父子之道天性也

孝經云父子之道天性也

父雖不父子不可以不子

古文孝經序云經又云敬其父則子悅敬其兄則弟悅而讀者以為各自敬其為君父之道臣子悅也余謂不然君雖不君臣不可以不臣父

乃悦也余謂不無君雖不君臣不可以不臣父
雖不父子不可以不子若君父不敬為其君父
之道則臣子便可以忍之耶
今案云君雖無道臣尚抽忠節可事君父雖
無道子尚以孝事父如此則我不誤之謂也

父子不同牀

曲礼云父子不同牀注云異尊卑也　今案為人子者
不着于父君居同方座末是也
文
父存子無財

父存子無財

曲礼云父母存不許友以死不有私財注云為忘親也死謂報仇讎也

論語子曰父在観其志注孔安国曰父在子不得自専故観其志而已

父母存不称老

礼記云子曰父母存不称老言孝不言慈閨門之内戯而不歎

父子不同位

礼記子曰父子不同位以厚敬也注云同位嫌尊卑等為其相褻也

其相謺也

七人子不養一人母

毛詩云凱風美孝子也衛之淫風流行雖有七子之母猶不能安其室故美七子能盡其孝道以慰其母心而成其志尓詩云凱風篇云睍睆黄鳥載好其音有子七人莫慰母心注云睍[胡顛反]睆好貌也箋云睍睆以興顔色和悦也載好其音興其辭令和順也以言七子不能如之也

如土蜂取人子為己子

如蜂取人子為己子

毛詩云螟蛉有子蜾蠃負之注云螟蛉桑虫蜾蠃蒲盧冥持箋云蒲盧取桑虫之負持而去煦嫗養之以成為其子以諭王有萬民不能治則其能治者將得朝野餘載蜂銜他虫蝕置於窠中咒曰似我々々即成蜂矣

赤子

尚書云若保赤子惟民康也

各言其子

論語子曰才不才亦各言其子

論語子曰才不才亦各言其子

擇子莫如父

左傳云使棄疾為蔡公王問於申無宇曰
棄疾在蔡何如對曰擇子莫如父擇臣莫如君

骨肉之親

呂氏春秋云父母之於子也子之於父母也
此之謂骨肉之親也

千金之子不死於市

史記云陶朱公生少子及壮而朱公中男殺人

史記云陶朱公生少子々々及壮而朱公中男殺人
囚於楚朱公曰殺人而死職也然吾聞千金之子
不死於市告其少子往視之乃装黄金千
鎰
溢遣其少子朱公長男固請欲往遣長子

翁子無影

漢書云陳留有一老公羽年八十無男有女
婿他妻又公羽遂死弃老翁更娶田客女為
妻々年十八翁納之一歳老翁遂死妻即
懐孕子遂生一男月之前妻女懐其父財物
遂至其所生之子云非父之子時郡識之年老

遂經其死生之子非文牸削我文年老
何得有子遂經賖不能糺上郡不能斷
上臺右丞相丙吉出殿決獄丙吉曰吾同老翁
子不耐寒又無影于時八月取同歳小兒觧
衣裸之雖小兒無聲獨翁兒患寒不立
同使並行日中老翁兒無影即剌財与男
其女受誣
内舉不失其子見左傳也　注
世說荀慈明曰昔祈奚内舉不失其子外舉

世説皆謂明者祁奚内擧不失其子外擧
不失其讎以爲王公匡春秋祁奚爲中軍尉
請老晉侯問焉稱解狐其讎也將立之而卒又
問焉答曰午也可其子也君子謂祁奚於是能
擧善矣稱其讎不爲諂立其子不爲比之

五月生子

史記孟嘗君名文姓田氏文之父曰靖郭君
田嬰初田嬰有子卅余人其賤妾有子名文々
以五月生嬰告其母曰勿擧也其母竊擧生
之及長其母因兄弟而見其子文於田嬰

之及長其母因兄弟而見其子文於田嬰〻〻怒其母曰吾令君去此子而敢生之何也文頓首因曰君所以不舉五月子者何故嬰曰五月子者長与戸齊將不利其父母文曰人生受命於天乎將受命於戸耶嬰黙文曰必受命於天君何憂焉必受命於戸則可高其戸誰能至者嬰曰子休矣晋書王鎮悪五月生其母歎曰五月子者不利其父母又曰昔孟嘗君以五月生不敢害父母但名曰鎮悪者為避悪也西京雜記云王鳳以五月

父母俱無害者遭遇之　西京雜記云王鳳以五月五日生

吾生其父欲不舉曰俗諺舉五月子長則自害

其父母甚外咬曰昔田文以五月生其父嬰勅其母曰勿舉

此子其母竊舉之後為孟嘗君其母為薛公大人

爰以古事推之非不祥也

兩子前生為兄

西京雜記云霍將軍妻一産二子疑所為兄或曰前生

者為兄後生者為弟今雖俱日生亦宜以先生者

為兄或曰居上者宜為兄居下者宜為弟居下

者前生今宜以前生為弟霍光聞之曰昔殷受直也

若前今宜以前生為時霍光聞之曰昔殷王祖甲
一産二子曰嚚曰良以卯日生嚚以巳日生良則以
嚚為兄以良為弟若以在上兄嚚亦當為弟者
許釐莊公一産二女曰妖曰茂楚大夫唐勒一
生二子一男一女男曰貞夫女曰瓊華皆以先生者
為長近代鄭昌時文長蒨並生二男滕公一生二
女李黎一生一男一女並以前生者為兄霍代
並以前生者為兄
父不慈則子不孝

父不慈則子不孝

顔氏家訓曰夫風化者自上而行於下者也自先而施
於後者也是以父不慈則子不孝兄不友則弟
不恭夫不義則婦不順矣父慈而子逆兄友而弟
傲夫義而婦陵則天之凶民乃刑戮之所攝非
訓道之所移也

母愛者子死 情為是被使同事也

史記曰上欲廢太子立戚夫人子趙王如意大臣多諫
爭未能得堅決也呂后恐不知所為人或謂呂
后曰留侯善畫計策上信用之留侯雖人

后曰留侯善畫計策上信用之留侯曰無難以
口舌爭也顧上有不能致者天下有四人々々者
年老矣　於是呂后令呂澤使人奉太子書
卑辭厚禮迎此四人々々至客建成侯所
良聞母愛者子抱今戚夫人日夜侍御趙王意
常抱居前上終不使不肖子居愛子之上明

前

辛

舐犢

朝野僉載云老牛舐犢老牛思犢

朝野僉載云老牛舐犢老牛悲嘆

産婦贈鯉

家語云孔子年生三日有饋鯉者因名子曰鯉也

軒渠

後漢書云薊子訓者不知所由来也建安中客
在濟陰宛句有神異之道嘗抱隣家嬰兒
故失手墮地而死其父母驚號怨痛不可忍聞
而子訓唯謝以過誤終無他説遂埋藏之後月
餘子訓乃抱兒帰焉父母太恐曰死生異路雖
思我兒乃不用復見也兒識父母軒渠笑悦

思我兒乞不用復見已兒見父母輙渠笑悦
欲往就之母不覺取乃賣兒也雖大喜慶
猶有疑乃竊發視死兒但見衣被方乃信焉

大取則大得福

古文孝經子曰參先王有至徳要道以言天子注云
人用之則不同其有餘天下行之不同不足小取焉
則小得福大取焉則大得福天下行之而天下服矣

畏父母

史記鄒陽上書曰岡咸飾入朝者不以利汚義

如鄒陽上書云臣聞盛飾入朝者不以利汙義

厲名號者不以欲傷行故縣名為勝母而曾子不入

邑號為朝歌而墨子迴車

家貧親老不擇官而仕

史記云家貧親老不擇官而仕負重渉遠不擇處

而息

反哺鳥

礼記云 跪乳而尚識生息慈鳥反哺備知眷

澤畜既爾豈況人乎 孝子傳云慈鳥烏也

鶏鶩雖不自進有翼雖卑不能復飛其子

食美食雖不自進羽翼推悴不能復飛其子毛
羽已具取食反哺其母烏尚尒況於人倫乎尒雅
云純黒而反哺者謂之烏白脰ノ集文云慈烏復慈烏
烏中之曾参（注云孔子之弟子也）

箕裘

礼記云良冶之子必学為裘良弓之子必学為箕
注云仍見其家鋼補穿穴之器也補穴者其人主
業乃合有似於為裘也仍見其家撓角幹也撓
角幹者其材宜調ミ乃三體相勝也有似於為

觚鐵者真板直誦乃三蟶板牘也有所檢錄

槐柳之箕也

鬩

兄弟鬩于墻　傳鬩很也胡狼反　々很者忿争之名故曲礼很無求勝是也

毛詩云兄弟鬩于墻外禦其務每雖有良朋烝也

無戎注云鬩很也禦禁也務侮也兄弟雖内鬩

外禦侮也四海兄弟論語云子夏謂司馬牛曰四海之内皆兄

弟君子何患乎無兄弟乎

胡越為兄弟

史記鄒陽上書云意合則胡越為昆弟由余越蒙

是也不合則骨肉為讎敵朱象管蔡是也

是也不合則骨完為離散出遊不收朱家官案是也

三従

礼記云婦人者従人者也幼従父兄嫁従夫夫死従子

注云従謂順其教令也

嫁三夜不息燭

礼記云孔子曰嫁女之家三夜不息燭思相離也取婦

之家三日不挙楽注云親骨完也重世變也

偕老

毛詩云死生契闊与子成説執子之手与子偕老

毛詩云死生契闊与子成説執子之手与子偕老

松蘿

毛詩云蔦与女蘿施于松柏注云蔦寄生也女蘿
絲兎絲松蘿也

野合

史記云孔子生魯昌平郷陬邑其先宋人也曰
防叔々生伯夏々生叔梁紇々与顔氏女野合
而生孔子禱尼丘得孔子魯襄公廿二年而孔子
生々而首上圩頂故因名曰丘

同宅

同穴

毛詩云穀則異室死同穴

牝鷄之晨

史記云王曰古人有言曰牝鷄無晨牝鷄之晨惟家

之索也

糟糠

後漢書云宋仲子明帝時為侍中宋為人好義時

帝姑湖陽公主寡心雅重宋帝欲妻之宋對曰

貧賤之知不可忘糟糠之妻不可下堂帝謂公主

貧賤之交不可忘糟糠之妻不可下堂帝謂公主

曰事不諧也

赤點

王子年拾遺記孫和抗鄧夫人常置膝下和月

儛水精如意誤傷夫人頰血流浣面嬌逸傷面

和自舐其瘡命大醫合藥醫曰得白獺髓

和玉与琥珀屑當滅瘢即購百金無能得

白獺者厚賞之有富春漁人云此物知人取則

逃入石穴伺其祭魚之時獺有鬪穴死者中庭有

枯骨雖無髓而骨可合玉舂為粉歕於瘡上

枯骨雖無髄而骨可合玉舂為粉敷瘡上
其瘡得減乃合此膏用虎魄太多及差而瘡未
滅左頬有赤點如志迫而視之更益妍也諸嬖欲
要寵者皆持丹點頬而後進幸妖惑相動遂
成淫俗

黒齒

山海經云有黒齒國其俗婦人齒志黒染也

媒妁

毛詩云野有死麕悪無礼也天下大乱強暴相陵遂

毛詩云野有死麕悪無礼也天下大亂強暴相陵遂
成淫風被文王之化雖當亂世猶思無礼也注云元
亂謂雷娉約馬弊不至却脇以成婚謂紂時之世也

犬吠

又云舒而脫脫兮無感我帨兮無使尨也吠
注云舒徐也脫脫舒遲皃也箋云貞女欲吉士以禮
來脫脫然舒也又疾時旋暴男相却脇也感動也帨佩
巾也箋云奔走失節則動其帨觸也尨猶也非禮
相陵則猶吠也

在

夜行

尚書疏云楽晨行禁宵行云但乱志云男女夜行以

燭謂在宮中也

大臣進

賢愚經云乃往過去不可計劫時世有佛号曰弗沙

其時有婆羅門子適欲娶婦手把大豆五粒

當用散婦是即世俗家礼而於道值佛心為歡

喜以大豆四粒入於佛鉢遺一粒住頂供天作因

緣受无量福四粒入鉢故領四天下一粒置頂

彼受元皇禅四柱入懸故随四天中一柱皇后為天
天故与帝釋同座即釋迦如来凡夫位時也
今案天竺之風男娶婦先以大臣授女今世女有
進於男者号曰大臣進是也
日本紀云伊弉諾尊伊弉冊尊於天浮橋之上共
討曰底下豈無國歟迺以天之瓊玉也矛指下而
探之是獲滄溟其矛鋒滴瀝之潮凝成一嶋
名之曰磤馭盧嶋二神於是降居彼嶋因欲共
為夫婦産生洲國便以磤馭盧嶋為國中之柱
而陽神左旋陰神右旋分巡國柱同會一面時陰神[illegible]

而陽神左旋陰神右旋分巡国柱同会一面時陰
神先唱曰憙哉遇可美少男焉 少男此云烏等孤 陽神不悦曰
吾是男子理当先唱如何婦人反先言乎事既
不祥宜以改旋於是二神更相遇是行也陽神
先唱曰憙哉遇可美少女焉 少女此云烏等咩

改イ

冷蜂 説曰尹吉甫子伯奇後母譖之曰伯奇好我父不信上池望之後母取蜂置杯中語伯奇蜂螫我伯奇来殺之父信之遂殺伯奇
説苑云王国君前母子伯奇後母子伯封兄弟相愛後
母欲其子為太子言王曰伯奇好妾王上臺視之後母
取蜂置衣中往過伯奇〻〻往視袖中殺之

取蜂數十衣中徃從伯奇〻〻徃視袖中殺之

王見謂伯奇〻〻出使者就徵袖中有死蜂使者

白王〻見蜂呂之已自投河中

頃上類財

賢愚經云有夫婦無子夫娶小婦生一男子夫愛

大婦嫉妬念言此子長大領知我宅財物勞積集

無益尚欲此子持一針刺于頭後子死今婦數曰

此兒本婦殺本婦爲盟言

教婦初來

貿兒乳子曰卅成言坐間貫口自盟是也若讓數

顔氏云孔子曰少成若性習慣如自然是也俗諺云教
婦初来教兒嬰孩欲誠哉斯語

知人則哲

尚書云知人則哲惟其難之孝子云智人則哲

知人未易

史記云侯嬴曰人固未易知知人亦未易也

美女者悪女之仇

左傳云女無美悪入室見妬士無賢不肖入朝見嫉
妬美女者悪女之仇豈不然乎

好義者惡好之俗豈不然乎

陳力就列

論語云求周任有言曰陳力就列不能者止注馬融曰

曰周任古之良史也言當陳才就其位不能則止也

囊中錐

史記云門下有毛遂者前自讃於平原君遂備員

而行平原君曰夫賢士之處世譬若錐之處囊中

國器

史記云韓安國事梁孝王為中大夫為人多大略之智

天下[illegible]以稱唯天子以為國器

天下為宝以盃稱唯天子以為国器
聞善若驚疾悪如讎
文選潘安仁楊荊州誄云聞善若驚疾悪如讎注李
氏国語楚藍尹亹遇謂子西曰夫闔廬聞一善言
若驚得一士若冨謝羕
後漢書云張儉清潔申己疾悪若讎也
南山玄豹
列女傳云陶荅子治陶三年名誉不興家富三倍其
妻抱兒而泣姑怒以為不祥妻曰妾聞南山有玄

妻相隨而沒於海以避不祥妻兄孫邁山行立
豹霧雨十日不食欲澤其衣毛成其文章故藏
而遠害犬彘不擇食肥其身坐而須死耳不祥
唯天子卒夫子之達禍亦矣處暮年滿盈之家
果以盜誅行有餘力則學文

走イ

周玄之才

朝野僉載云周居卑疵頗讀書知聲韻數未而炊
秤米以爨多少一竊而覺之有一子八歲死妻須
以衣衿痁剥取之以故席果裹之須擎其席
而葬之孔子曰雖有周公之才之美使驕且吝其

而帰舎孔子曰雖有周公才之美使驕且吝其
餘不足観也
後生可畏
論語子曰後生可畏也焉知来者不如今也注云
後生謂年少也
帛着翼　推轂勝柱同義也玄之又玄青於藍冰下加冰冰水沍水攀龍附鳳
漢書云賈誼諫王曰列諸假賊兵為帛翼者也
日本紀云天武天皇諱天渟中原瀛真人生而有
岐嶷之姿及壮雄神武能天文遁甲天智天皇

岐嶷之姿及壮雄神武能天文遁甲天命開別天皇
元年立為東宮四年天皇臥病遣穪我臣安麿
召東宮時安麿東宮所好密曰有意而言矣東宮
宮於岐嶷而慎之天皇勅授鴻業乃辞譲即出
生字以収兵私器納於司入貢郎宮時左大臣穪我
我赤兄之送之或曰虎着翼放之

孔席不暖

文選班固答賓戯曰夫徳不得後身而特盛功
不得背時而獨歎是以聖哲之治棲々遑々孔席不
暖墨突不黔至孝侶温色言坐不暖席也臣

瞙曇寛不黠淫事胎曰愠也言坐不瞙膺也良

善男文子曰孔子無黠寛曇子無燧席排以貪禄

慕位欲起天下之利除万民之害也小雅曰黠曇也

思啓

論語子曰見賢思啓焉注范氏云思与賢者等也

見善如不及

論語孔子曰見善如不及見不善如探湯孔安注云探

湯喩避悪之速

見義不為無勇也

見義不為無勇也

論語子曰見義不為無勇也注孔安国曰義者

所宜為也而不能為是無勇也

従善如流

左傳曰従善如流注曰言其疾也

市駿骨

戦国策曰郭隗謂燕昭王曰古人以千金市駿馬求

至而馬已死使者遂以五百金市駿馬骨而還於

是天下聞之千里之馬競至劉向新序曰以千金市駿

是天下所之千里之馬竟至偃居而新序云斉人王好馬

馬首

禮從宜

曲礼云禮從宜使從俗

人而無礼胡不遄死

毛詩云相鼠有體人而無礼人而無礼胡不遄死注云

遄速

安不忘危

周易云安不忘危存不忘亡

雖可

誰何

史記云良將勁弩守要害處信臣精卒陳利兵而誰何注云如淳曰備可問也

太器晩成

任公垂大釣暮年不得　云々　庄子文

老子云太器晩成注河上公章句云太器之人若九鼎瑚璉不可卒成也

鷰雀安知鴻鵠之志哉

史記云陳勝字渉小時与人傭耕之隴上悵然曰太丈夫立當富貴乎同傭者笑之君爲傭耕何得富

丈夫旦當富貴乎后庸者笑之君為庸耕何得富貴

貴勝大歎曰嗟鳥雀安知鴻鵠之志哉

割鶏焉用牛刀　次適僕之珠燃烏者也

論語云夫子莞爾而笑曰割鶏焉用牛刀注孔曰

國曰言治小何須用大道乎

鉛刀一割

[illegible]為[illegible]

史記云班固曰椅杻磨厲鉛刀皆能一斷又左太沖詠

史記云鉛刀貴一割

九牛之一毛

文選司馬子長報任少卿書云假令僕伏法受誅

[illegible]

文選司馬子長報任少卿書云假令僕伏法受誅
若九牛亡一毛与螻蟻何以異矣

有智無智校卅里

世説云魏武嘗過曹娥碑下楊脩従碑背上題
作黄絹幼婦外孫齏臼八字魏武謂脩曰卿解不
答曰解魏武曰卿未可言待我思之行卅里魏武曰吾
已得令脩別記所知脩曰黄絹色絲也於字為絶幼婦
少女也於字為妙外孫女子也於字為好齏臼受
辛也於字為辭也所謂絶妙好辭也魏武亦記之与

辛也於字為辭也所謂絶妙好辭也魏武不記之与
脩同乃歎曰我才不如卿卅里覺　五里　私云釋藏第九詩
嚏人道我
毛詩云寤言不寐願言則嚏嚏噴也　箋云言
我願思也嚏讀當為不敢嚏咳之嚏我其憂
悼而不寐汝思我心如是我則嚏也今俗人嚏云
人道我此古之遺語
嚏則禱吉
四分律云時世尊嚏諸比丘呪願言長壽時有

嚏

四分律云時有異虜號曰龍鷄□長壽時有
居士屁及乱拜比丘佛令七比丘咒願言長壽令
宋今俗云自元日若早旦屁即稱千壽万歳也
如律今是儀也　只在元日武尋常須傳之

屁以手掩鼻
僧祇律云若在禅坊中屁者不得放身若咳嗽
時當忍以手掩鼻若不可忍者應手遮鼻而屁
冷涕垂汗此屁若上座屁者應言和南下座屁
然
上龍莫當人出

上氣莫當人出

毗尼母經云氣有二種一者上氣二者下氣也上氣欲出時莫當人張口合出要迴面向無人處張口令出

老馬智

韓子云管仲字夷吾事齊桓公為上卿也時桓公北征孤竹山行値雪迷失路於是羣衆莫知管仲曰可用老馬之智放老馬於前而後随之遂得道而帰

老将智而老乞及之文

白氏六帖云蕭曰列謂老将智而老乞及之者注云趙孟

白氏六帖云義曰列譜老将智而老至及之若臣趣道

之謂乎

老言可用

朝野僉載云腐粟不可種老人言可用

白駒過郄

庄子云人生天地之間若白駒之過郄忽然而已注云

不足惜也

富貴在天

論語子夏曰死生有命富貴在天

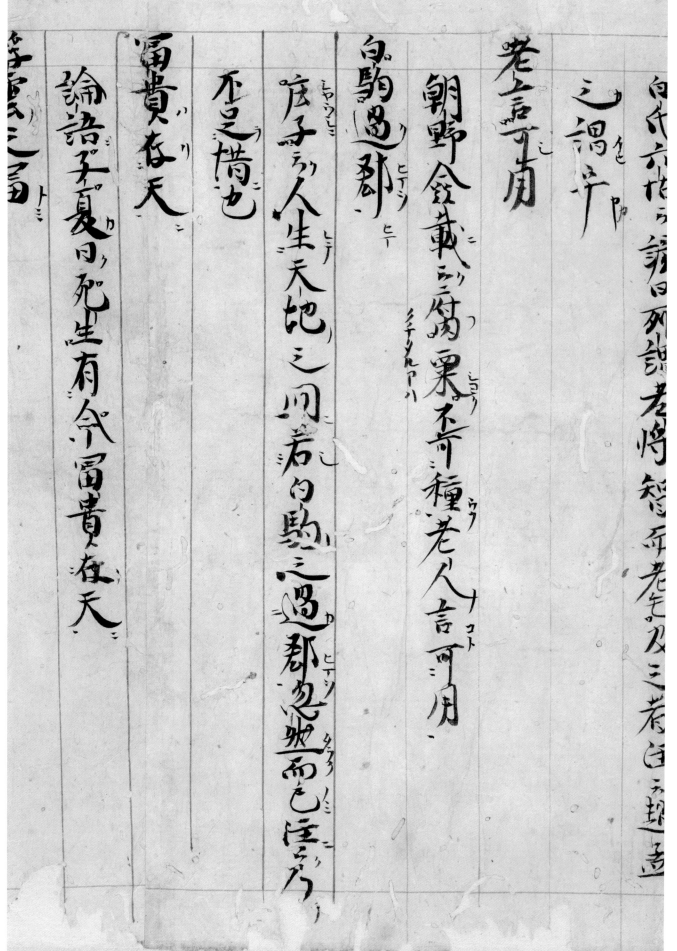

[illegible]之冨

浮雲之富

論語子曰不義之富於我如浮雲也呑富貴戯仲尼

抗浮雲之志

富貴人之所欲

論語曰富与貴是人之所欲不以其道得之不處也

冨而無驕

論語子貢曰貧而無諂冨而無驕何如子曰可也

潤屋

禮記曰曾子曰富潤屋徳潤身代記曰諸葛恪字

礼記云曾子曰富潤屋徳潤身代諺云黄金指掌

元遊事呉王為郎中呉王遊獵曽問答曰卿

在家何以自娯略對曰臣聞徳以潤身富以潤屋臣

脩已而已非敢自娯

九年之儲

先礼記後劉子礼記云九年耕有三年之食通卅

年通之雖有凶年水溢民無菜色

青縄集

後漢班固難荘論云衆人之逐利如青縄之逐完

註云青縄蒼蝿日是弱而変白貪利而角羅鴉也

件也青蠅若因是溺死與人貪利而陥罪禍也

貧而無怨難

論語子曰貧而無怨難富而無驕易也

貧者士之常　論語

列子云栄啓朝曰貧者士之常死者生之終

無立錐之地

史記云枚乗諫呉王上書云舜無立錐之地以有天下禹無十戸之聚以王諸侯湯武之士不過百里

家貧思良妻

家貧思良妻
史記魏文侯謂李克曰先生嘗教寡人曰家貧
則思良妻国乱則思良相今所置非成
則璜二子何如克対曰臣聞之卑不謀尊疎
不謀戚臣在闕門之外不敢当命
蓼虫忘辛
漢書云蓼虫忘辛楚詞云蓼虫不知徙于葵菜
王逸注云言蓼虫處辛烈食苦悪不徙葵菜食甘美
馬先於痩人先於貧
要覧云馬行曰富貴易而為善貧賤難為

要覧馮衍曰富貴易而為善貧賤難為
工故諺云相馬失於痩相人失於貧

人貧智短
朝野僉載云人貧智短馬痩毛長

聞一知十
論語疏云顔回字子淵周時魯人也為孔子弟子
曰吾与回言終日無違如愚故子貢曰顔回聞一
知十

多聞多見

多聞多見

論語云多聞闕疑慎言其餘則寡尤多見闕殆

慎行其餘則寡悔言寡尤行寡悔禄在其中矣

獨歩　雄飛　蒙求云趙温云丈夫當事雄飛安

能雌伏後至三公　鷹楊　見毛詩　跋扈

魏志云王粲字仲宣避西京之乱依荊州書子

建与楊徳祖書云仲宣獨歩於漢南

傍若無人

史記云荊軻与高漸離歌於市中已相泣傍

若無人　文選曹子建与吳季重書云謂蕭曹不

足儔衛霍不足侔左顧右眄謂無人豈非

足躡衛霍不足侔左顧右盻傍若無人豈非
吾子壮志哉

七歩才
世説云魏文帝令陳思王七歩作詩不成行
大法即應聲曰煮豆燃豆萁豆在釜中
泣本自同根生相煎何太急

賢者一失
尚書云賢者之謀万有一失愚者之言千有一得
漢書云智者千慮必有一失愚者千慮必有一得

漢書云智者千慮必有一失愚者千慮必有一得

孔子仆

礼記云孔子少孤不知其母墓　荘子云孔子与柳下季為友季之弟名曰盗跖従卒九千人横行天下侵暴諸侯万民苦之孔子謂柳下季曰先生世之才士也弟為盗跖為天下害而弗能教丘請為先生往説之柳下季曰跖之為人也心如涌泉意如飄風順其心則喜逆其心則怒易辱人以言先生必無往孔子不聴顔回為馭子貢為右往見盗跖盗跖方休卒

顔回為御子貢為右往見盗跖〻〻方休卒
大山之陽膾人肝而餔之孔子下車而前見謁者
曰魯人孔丘聞将軍高義敬再拝謁者〻〻
入通盗跖聞之大怒曰魯之巧偽人孔丘非
邪為我告之尓作言作語妄稱文武冠枝木
之冠帯死牛之脅多辞謬説不耕而食不
織而衣擅生是非以迷天下之主而欲求冨
貴盗莫大於子天下何故不謂子為盗跖而
謂我盗跖子之罪極大重疾走帰不然我将

説并盜跖子之罪極大重疾走之帰不然我将以
子肝益晝餔之膳孔子復通曰願望履幕
下謁者復通盜跖〻〻使来前孔子趨而進辟席
再拜盜跖〻〻大怒曰丘若所言順吾言則生逆
吾意則死孔子曰丘聞之凡天下有三德生而長
大美好無雙少長貴賤人見而皆悦之
此上德也知維天地能辯諸物此中德也勇悍
果敢聚衆率兵此下德也凡人有一德者足以
南面稱孤今将軍兼此三者盜跖又怒子路歟
殺衛君而事不成身菹衛東門上是子教之

敗衛君而事不成身廹於衛東門上是子貢之
不至也子謂才士聖人耶奈迺於魯削跡於衛
窮於齊困於陳蔡不容於天子矣述論考孔子
再拜趨走出門上車執轡三失日芒無見色
如死灰據軾低頭不能出氣作天而歎
列子傳一兒曰日初出大如車蓋日中如盤盂為遠
者小而近者大乎一兒曰日初出蒼〻涼〻及日中如
探湯此不為近者熱遠者涼乎孔子不能決
之笑曰孰謂汝多智乎　今案孔子小讓世多

之笑曰孰謂汝多智乎　今案孔子什謫也多

所好訪之書竹簡已無所見但什者非行步什

之義焉才智出之謂也煩且所似雖出　三書初

礼記說既言小兒不知毋莫非什焉次居子說

勘居子成英顏姓嚴名禽字季食菜鄉

下謐思亦言居柳樹之下故以為号是冒

疕以時人也孔也孔並相去百餘歲而言文者蓋匿言

耳者爰知孔子與盜跖相論誰衣可信次又列

子之說備非什矣豈對小童稱雄圖智哉

又有所

尺有所短
楚辭云尺有所短寸有所長
五人已上尊其所
曲禮云羣居五人則長者必異席注云席以四人
為節因宜有所尊也
無友不如己者
論語子曰君子不重則不威學則不固主忠信無
友不如己者
淡水之交

淡水之交

荘子云君子之交也淡若水小人之交也甘若醴君
子淡以親小人甘以絶彼無故以合則無故以離

白頭如新

史記鄒陽於獄上書自明云諺曰白頭如新傾蓋
如故 漢書音義曰神不相知至白頭不相知

彈冠

後漢書云王陽与貢禹為友後陽仕至益州刺
史貢禹聞之彈冠以待陽遂薦禹成帝召為
大夫

大夫

膠漆
後漢書云雷義字仲公与汝南陳重為友時人為
之語曰膠漆自謂堅不如雷与陳二人並至郡守

竹馬之友
後漢書云郭伋字細侯拜并州刺史行部到河東
數百小兒各騎竹馬迎小兒問曰使君何日来還
日来曰至与小兒皆乗竹馬赴期

從器水

從器水

劉子云古人議曰凡人之心如水從器器方則方器円則円心習朋友何不擇乎

芝蘭交

顔氏家訓云与善人居如入芝蘭之室久而自芳与悪人居如入鮑魚之肆久而自臭

一人向隅満座不諭

文選潘安仁笙賦云衆満堂而飲酒獨向隅而掩涙泣云説苑云古人於天下也譬一堂之上今有満堂飲酒有一人獨索然向隅而泣則一

今有滿堂飲酒有一人獨嚮隅泣則一
堂之人皆不樂也
職員令云内舍人九十人帶刀宿衛供奉
雜使若駕行分衛前後 今案爲無長官
改依衆議故以一人向隅滿座不論爲其法矣
客人主勞
朝野僉載云客久主勞久住令賤也者不知之者
女爲悦己者容
史記曰豫讓者晉人也故掌事范氏及中行

顔　遁

史記曰豫讓者晋人也故嘗事范氏及中行
氏而無所史記毛知名去而事智伯〻〻甚尊寵之及
智伯代趙襄子〻〻与韓魏合謀滅〻智〻伯〻之
後而三分其地趙襄子最怨智伯漆其頭以
為飲器豫讓遁逃山中曰嗟乎士為知己者
死女為悦己者容今智伯知我〻必為報讎而
死以報智伯則吾魂魄不愧矣

鍾子期死伯牙絶絃
列子云伯牙鼓琴志在高山鍾子期曰善哉峩〻
若太山志在流水鍾子期曰洋〻乎善江河及鍾

若太山志在流水鍾子期曰洋々善江河及鍾
子期死伯牙絶絃不復鼓琴痛知音之永絶

儼若思
曲礼云儼若思注云人之坐思貌必儼然

席不正不坐
論語云席不正不坐郷人飲酒杖者出斯出矣

在上不驕
古文孝経子曰在上不驕高而不危制節謹
度満而不溢敬之高而不危所以長守貴也

度満所不溢敬之意所不危所以長守貴也

満而不溢所以長守富也

不念舊悪

論語子曰伯夷叔斉不念舊悪怨是用希注孔安

國曰伯夷叔斉孤竹君之二子也

涅而不緇

文選云朱睛蜩不能鋳鍱鋒邪論不能惑孔墨云孔子墨翟
列一天流金不能焼星漢寒凝海不能結風

論語云不曰堅乎磨而不磷不曰白乎涅而不緇注

孔安国曰君子雖在濁乱之中濁乱不能汚也

一箪

史記云季布楚人也少窮居上賤之一遇焉朱家為奴

史記云季布楚人也少窮若上購之逃焉朱家爲奴
後上赦之諺曰得黄金百斤不如季布之一諾矣

不飲盗泉

漢書云閒中有盗泉孔子過之渇不飲悪其
名文選陸士衡猛虎行渇不飲盗泉水熱
不息悪木陰悪木豈無枝志士多苦心李善曰尸
子孔子至於勝母暮矣而不宿過於盗泉渇矣而
不飲悪其名也

直不容遺

道不拾遺

後漢書云、苗尚学文章、嘗行路得遺金、乃訪其主

還之

窮鳥入懐　凍者要短褐　人貧智短　家貧文老不擇官仕[illegible]

大弁林豈眠擇木

顔氏王子晋曰、佐饔得嘗、佐闘得傷、此言為善則

預為悪則去、不欲党人非義之事也、凡損於物、皆無与

焉、然而窮鳥入懐者、仁人所憫也、況死士帰我、當棄

之乎

東方朔三偷西王母桃

東方朔三偷西王母桃

漢武帝故事云西王母指東方朔曰仙桃三熟此小兒三度偷去又云王母齎桃五枚以獻帝々以核欲種之王母笑曰此樹一千年生一千年華一千年實人壽幾何能及之乎

七世孫　本朝浦嶋子同事也

續齊諧記云漢明帝時永平十五年剡縣有劉晨阮肇二人共入天台山採藥迷失路根盡

民
晨阮肇二人共入天台山採藥
望山頭有一樹桃二人取食阮郎等来何晩曰
邀過家廳館精花劉阮就邀女宿言語切為行
夫婦之道経十五日求還女曰今来至皆是宿福所招
流俗何可楽遂経半年来去甚切得還家都無相識
郷里悽異乃驗七世子孫傳聞上世祖翁入山不知
在所今既無親属栖宿欲還女家尋山路不獲至
青鳥使　鳳皇使　牛斬之使鳳皇洗明益堅之
漢武故事云七月七日於承花殿齋日中忽有一青鳥

漢武故事云七月七日於承花殿斎中忽有一
西方来集殿前上問東方朔曰此西王母欲来
有項王母来有青鳥如烏侍王母旁

鶏犬舐薬而昇天
神仙傳云漢淮南王劉安得仙去分明知天下之有神仙
留故也借同傳安之臨仙去餘薬器在中庭鶏
舐之皆得飛升故鶏鳴雲中犬吠天上

乗槎
博物志云海渚人見浮槎乃椎携粮上槎至天河

博物志云海渚人見浮槎乃乗槎上至天河
見織女与牽牛又以支機石与之令問厳君平
月日客星犯牽牛宿此人到天河也

東海三為桑田

神仙傳云王遠字方平東海人也麻姑謂王方平
自接侍以来見東海三為桑田見蓬莱乃浅
於往者會略半也豈将復還為陵陸乎方平咲曰
聖人皆言海中行復揚塵也

洗耳

洗耳

逸士傳云許由隠於箕山堯聞其賢欲為九州長許
由不聴遂洗耳於河

商山四皓

漢書賛云漢興有園公綺里季夏黄公甪里先生
當秦之時避而入商雒深山以待天下之定也

滄浪之清可以濯我纓

楚辭序云漁父避世隠身釣魚江濱欣然自樂
漁父哥曰滄浪之水清可以濯我纓滄浪之水濁

漁父詞曰滄浪之水清可以濯我纓滄浪之水濁
可以濯我足

斆者學之半
礼記曰雖有嘉肴弗食不知其旨也雖有至道弗
學不知其善也是故學然後知不足教然後知困知
不足然後能自反也知困然後能自強故曰教學相長也兌命
曰斆學半其此之謂乎

叟

温故知新
論語子曰温故而知新可以為師矣注曰温尋也尋
故而知新者可以為師

論語

故知新者可以為師

不遠千里

後漢書云穎容字子威北海人負笈従師不遠

千里

前事之不忘後事之師也

史記太史公曰四時各有所得其道千歳不絶矣

本末並失故不長久由此観之安危之統相去

遠矣野諺曰前事之不忘後事之師也

戦国策云張孟談謂趙襄子曰前事之不忘後事之師

遂矣野謂曰前[illegible]

戰國策云張孟談謂趙襄子曰前事之不忘後事之師

一巻師

文選任彦昇宣德皇后令云博聞强識遠平一巻之師李善注云楊子法言曰一巻之市不勝異價一巻之書不勝異説一巻之[illegible]千萬巻之書[illegible]之師

文士數奇詩人薄命高才不遇可尋見之

史記李廣以大將軍青久陰受上誡以爲李廣老數奇

數奇注如淳曰數爲匈奴所敗爲奇不偶之[illegible]

[illegible]

數奇注如淳曰數為匈奴所敗為奇不偶也
白氏洛中集序云古人有言曰文士數奇詩人薄命誠哉斯言

文人相輕

文選魏文帝典論云文人相輕自古而然傅毅之於班固伯仲之間耳人善於自見而文非一體鮮能備善之故各以所長相輕所短

非知之難

尚書云非知之難惟行之難
陸士衡文賦序云蓋非知之難能之難也

陸士衡文賦序云蓋非知之難能之難也

獲麟

左傳哀公十有四年經云春西狩獲麟注云麟者仁
獸聖王之嘉瑞也時無明王出而遇獲仲尼傷周道之
不興感嘉瑞之無應故因魯春秋而修中興之教絶筆於
獲麟之一句所感而作固所以為終也傳曰狩者言冬常
職故不書狩者大野在魯西故言西狩得用獲之文
同傳十四年春西狩於大野叔孫氏之車子鉏商獲麟
以為不祥以賜虞人仲尼觀之曰麟也然後取之注云時

以爲不祥以賜虞人仲尼觀之曰麟也然後取之
所未嘗見故怪之虞人掌山澤之官也
穀梁傳云仲尼作春秋二年文成獲麟

一字千金

史記云呂不韋以秦之疆羞不如亦招致士厚遇之
至食客三千人是時諸侯多辯士如荀卿之徒著
書布天下呂不韋乃使客人々著所聞集論以爲八
覽六論十二紀廿餘萬言以爲備天地萬物古今之事
號曰呂氏春秋布咸陽市門懸千金其上延諸遊

發呂氏春秋布咸陽市門懸千金其上延諸遊
士賓客有增損一字者予千金

書厨子　書肆楊子法言曰好書而不要仲尼謂之
晉書云書簏

屋下架屋　青出於藍寒於水
世說云庾仲初作楊都賦成以示庾亮亮以親族之懷大
為其名價云可三二京四三都於此人人競寫都下紙為
左太史傳云音　三二京　表才上
之貴謝太傅云不得爾此是屋下架屋耳事事擬學
而無不檢狹注云王隱論揚雄太玄經云玄經雖妙

而無不撿徒淫之王隠論楊雄大玄經曰玄經雖妙
非益也是以古人謂屋下架屋矣顔氏序曰魏晋以
来所著諸子理重事複遞相模斅猶屋下架屋牀
上施牀耳

瓿
醬將蓋

漢書云劉歆謂楊雄曰空自苦今學者有祿利然
尚不能明易又如玄何吾恐後人用覆醬瓿也雄咲
而不應注服虔曰瓿音部小兒也

文室邊生

文室邊書

千字文云秋收冬蔵注今案世俗以此文為文室邊雀字未詳

借者白物　傍之謂也

朝野　僉載云借他書籍一癡還他書第二癡

獨學而無友則孤陋而寡聞

礼記云獨學而無友則孤陋而寡聞　注云不相觀也

切磋琢磨

毛詩云有斐君子如切如磋如琢如磨注云斐文章貌

也治骨曰切象曰磋玉曰琢石曰磨道其學而成也

治骨曰切象曰磋玉曰琢石曰磨道其學而成也
其聴規諫以自脩飭如玉石之見琢磨也

行有餘力學文

論語子曰弟子入則孝出則悌謹而信汎愛衆而親
仁行有餘力則以學文注馬融曰文者古之遺文

韋編三絶

史記云孔子晩而喜易序易彖繫象說卦文
言讀易韋編三絶曰假我數年若是我於易則彬彬

如日出之光

如日出之光

顔氏家訓云幼而學者如日出之光老而學者如秉燭

夜行備賢目瞑而無見者也

如秉燭夜行　見上注

朝聞道夕死可矣

論語子曰朝聞道夕死可矣

下帷

漢書云董仲舒少時好學下帷讀

書弟子不見其面

書弟子不見其面

不恥下問

論語子曰敏而好學不恥下問是以謂之文也

人能弘道

論語云人能弘道非道弘人

學也祿在其中

論語子曰耕也餒在其中矣學也祿在其中

仰之彌高

論語顏淵喟然歎曰仰之彌高鑽之彌堅注云言

論語顏淵喟然歎曰仰之彌高鑽之彌堅注云言

不窮盡也

學而知之者次也

論語孔子曰生而知之者上也學而知之者次也困而學之者

又其次也注孔安國曰困謂有所不通也

玄之又玄至下仰於高鑽於堅之

青於藍

孫卿子曰學不可以已青取之於藍而青於藍氷生於

水而寒於水

口筆

口筆

抱朴子呉生之論書者不盡言是筆不及口也言有赴速之用而書為遺忘之備是以戎卒暫説定徙都之功子房与言致帷幄之密

折桂枝

晋書云郤詵字廣基擧賢良對策為天下第一武帝問郤自以為何如詵曰備桂林之一枝崑山之片玉今詞場折桂始於此矣

鳥遠

鳥迹

衛恒四體書勢云昔在黄帝恒誦蒼頡始作書契
以代結繩蓋取鳥迹以興思也黄帝至三代其文
不改秦全用篆書焚焼先典而古文絶矣

草聖

後漢書張芝字伯英善草書絶世時人謂之臨池學
書池水盡墨韋誕謂之伯英草聖家中衣帛
先書而後練之

誡子録

誡子孫

世説云韋仲将能書魏明帝起殿欲安榜使仲将登梯題之既下頭鬢皓然因誡兒孫勿復学書

千里面目

顔氏云真草書迹微須留意江南諺云尺牘書疏千里面目兼晋宋餘俗相与事之

飛白

書斷云案飛白者後漢左中郎将蔡邕所作也　王隠王愔並云飛白変楷制本是宮殿題署勢既徑

王愔並云飛白變楷制本是宮殿題署勢既徑
丈字宜輕微不滿名為飛白王僧虔云飛白八分之輕者
雖有此說不言起由案漢靈帝熹平年詔蔡邕作聖
皇篇成詣鴻都門上時方脩飾鴻都門伯喈待詔門下
見役人以堊帚成字心有悅焉歸而為飛白之書漢
末魏初並以題署宮闕其體有二創法於八分窮微
於小篆自非蔡公設妙豈能詣此耶張芝草書
得易簡流速之極蔡邕飛白得花艷飄蕩之
極字之逸越不復過此二途尒王羲之獻之造

楷字之逸越不復過山二集爾王羲之獻之道

其極

折角

後漢書云五鹿充宗用權當世而朱雲有

口辯莫有能折者曾充宗論難連拄五鹿君

々々不能荅諸儒為之諺曰五鹿嶽々朱雲折

其角

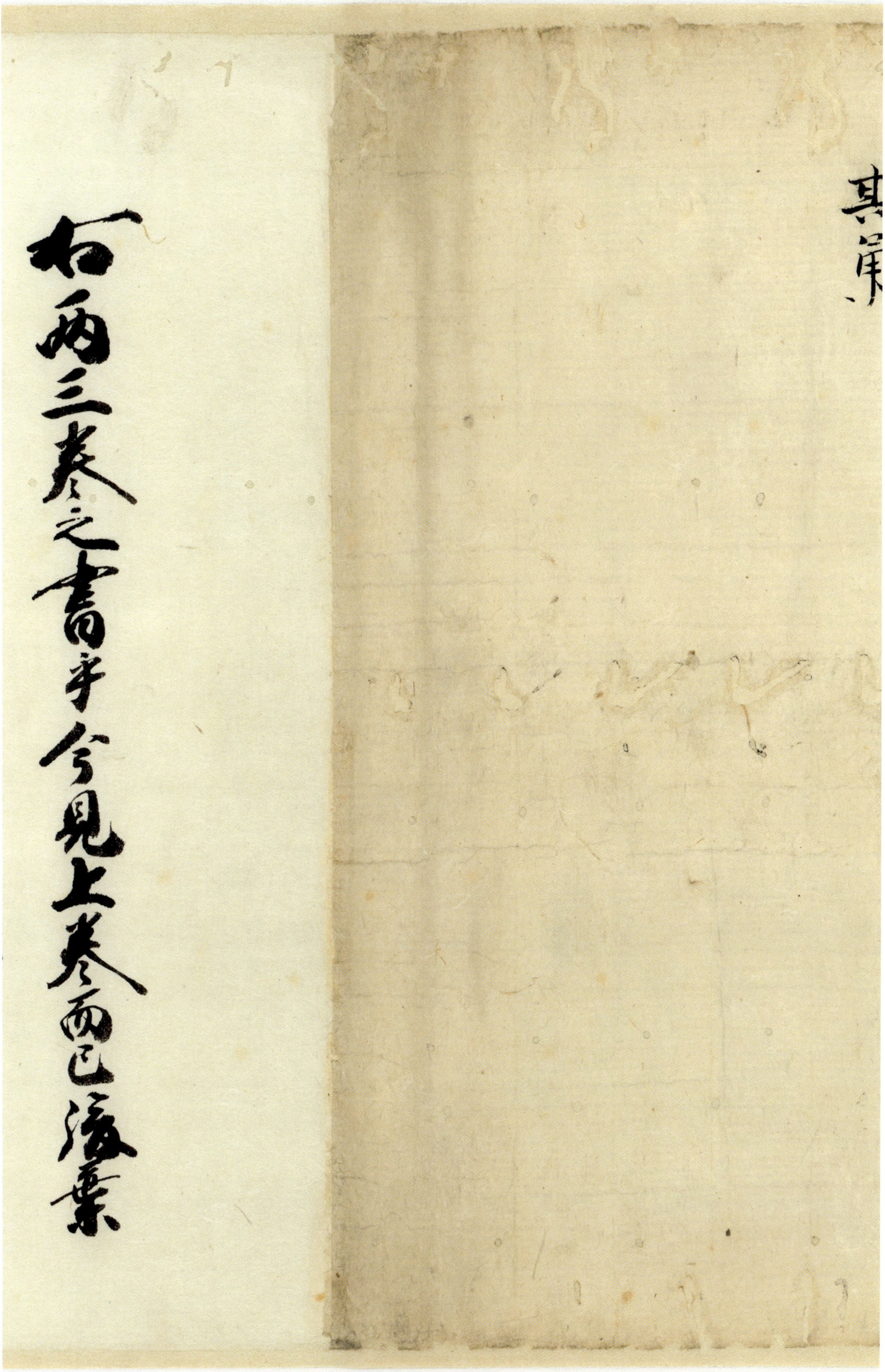

（継紙）

右両三巻之書手今見上巻而已後葉

得全本者補書写出損修復了

延享四歳次丁卯仲冬五日青蓮安居院賢賀 春秋六十四

昭和三十四年十二月依文化財
保護法修理了

作文大躰

観智院本

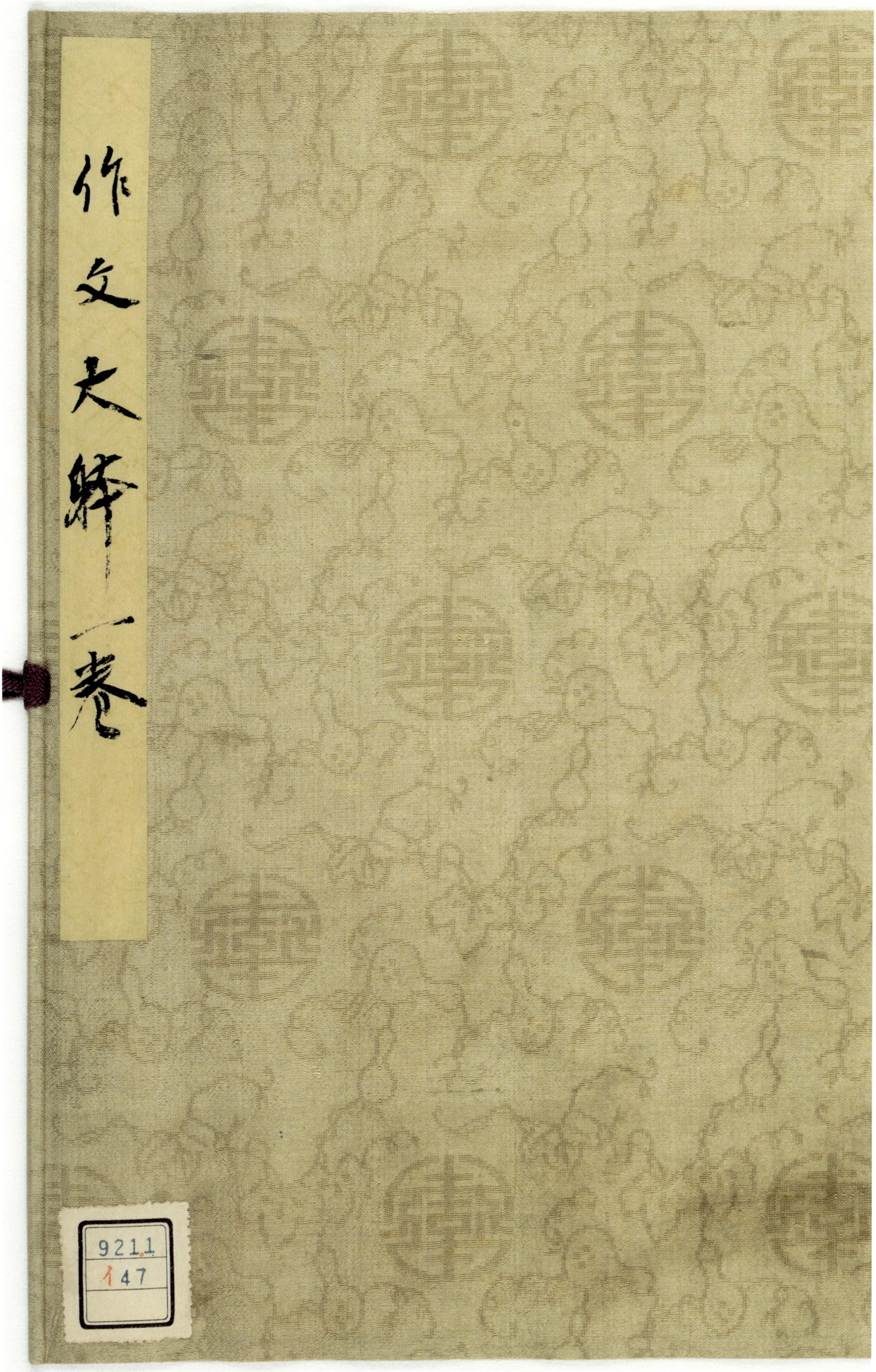
作文大躰 一巻
9211
147

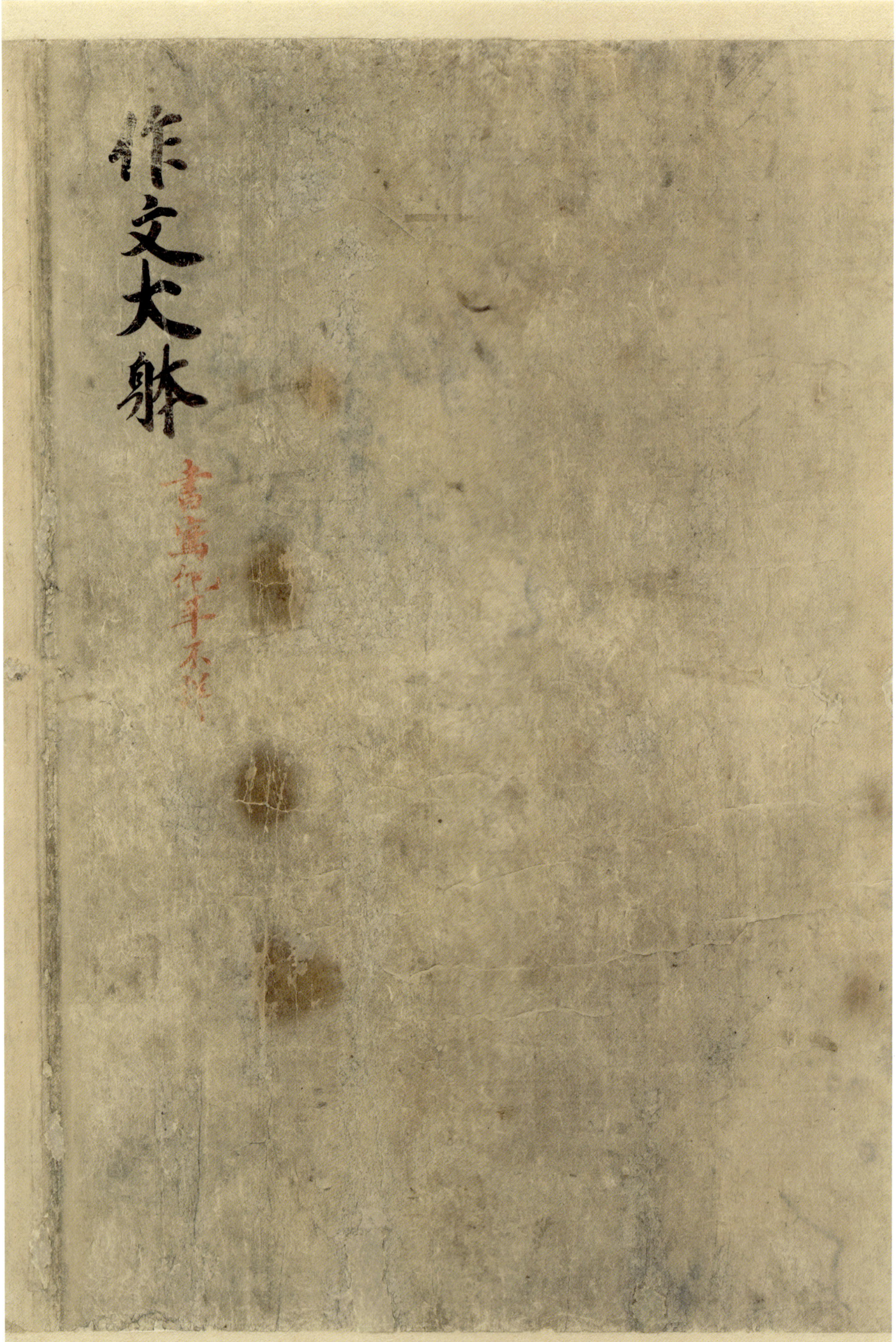
作文大躰
書寫代年不詳

作文大躰 并序　　大江朝綱述

夫学問之道作文為先若只誦経書
不習詩賦則可謂書厨子而如無益矣
辨四聲詳其義嘲風月味其情莫不
起自此焉備絶句聯平聲惣卅八韻名
曰倭注切韻于時天慶二年仲春五日也

日傍切韻于時天慶二年仲春五日也

第一梅題

凡作詩之道先案題目然後染翰為詩

有長短題有虚實題出於經籍奥理者

謂之實題懸於風月而浮花者謂之

虚題或可有雙關之題一題之中二物

相雙也

第二五七言詩

第二五言詩
凡五言詩者上句五字下句五字合十字
成章之名也　天寳集云
万里人南去　三春鴈北飛　不知何歳月
得与汝同帰
第三七言詩
凡七言詩者上句七字下句七字合十四
字成篇之名也　白氏文集云

（2）

字成篇之名也　句成文集云
柳無亂刀傑先動　池有波文氷盡開
今日不知誰計會　春風春水一時來
第四句名
几句名者不論七言五言其首謂發句其
次謂之胸句其次謂之腰句其次謂之尾謂之
落句皆首尾胸腰謂之四韻或謂之長句
只有首尾兩句者謂之一絶或謂之絶句

二有首尾兩句者謂之一韻二韻謂之一韻…

第五詩病

凡詩有八病其尤可避者平頭上尾蜂

腰鶴膝此四病也平頭者上句第一二字

与下句第一二字同平上去入是也 第一字同平聲不為病

上尾者第五字与第十字同上去入

是也 發句連韻不為病

蜂腰者毎句第二字第五字同平上去

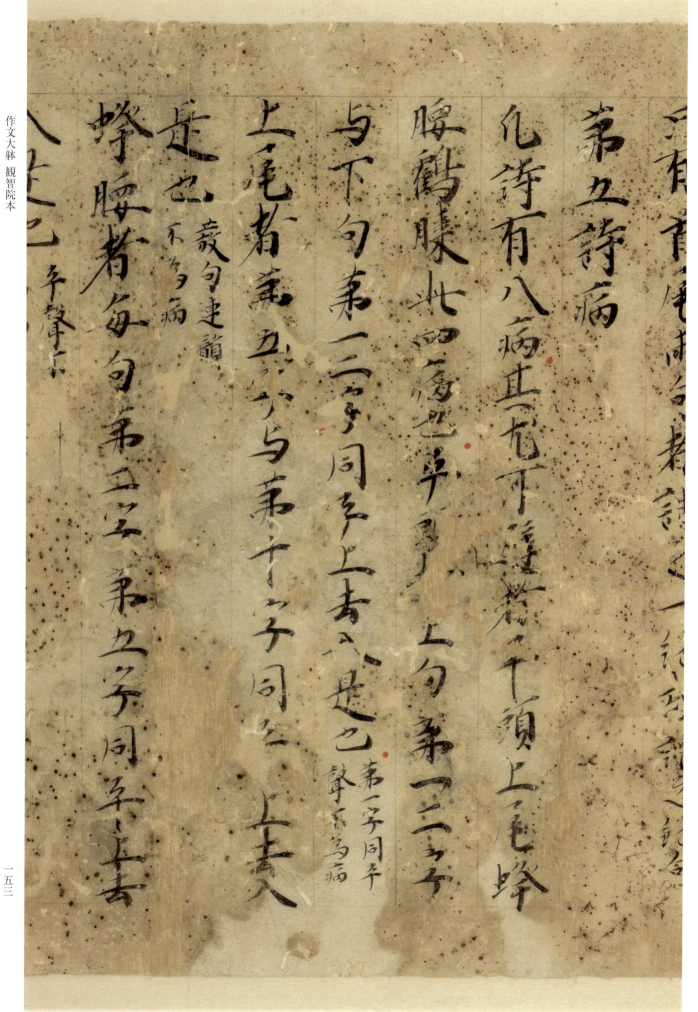

入是也 平聲不

入是也 平聲不為病
鶴膝者第五字与第十五字同平上
去入是也 自他聲韻時可避乎
七言詩之平頭上尾蜂腰鶴膝准五
言而可知
第六字對
凡詩有八對其一常可用者色對数對聲
對是也色對者上句用丹青下句用白

對是也色對者上句用丹青下句用白
黒之類也數對者上句用三千下句用一
万之類是也聲對者上句用仙字下句
用万字之類是也仙字聲借千故與万
爲對耳其外風和雲草木具鶴會歟
以其名爲對數對之中以雙隻二以孤
隻一之類是也
發句落句不求對然句之體多如此

發句落句不来對絶句之躰各如此

第七調聲

凡調聲者能調他聲之義平聲之外上去入三聲惣謂之他聲故五言詩頌曰

他々平々他々他々平　以上發句

平々他々他々々平々　以上落句

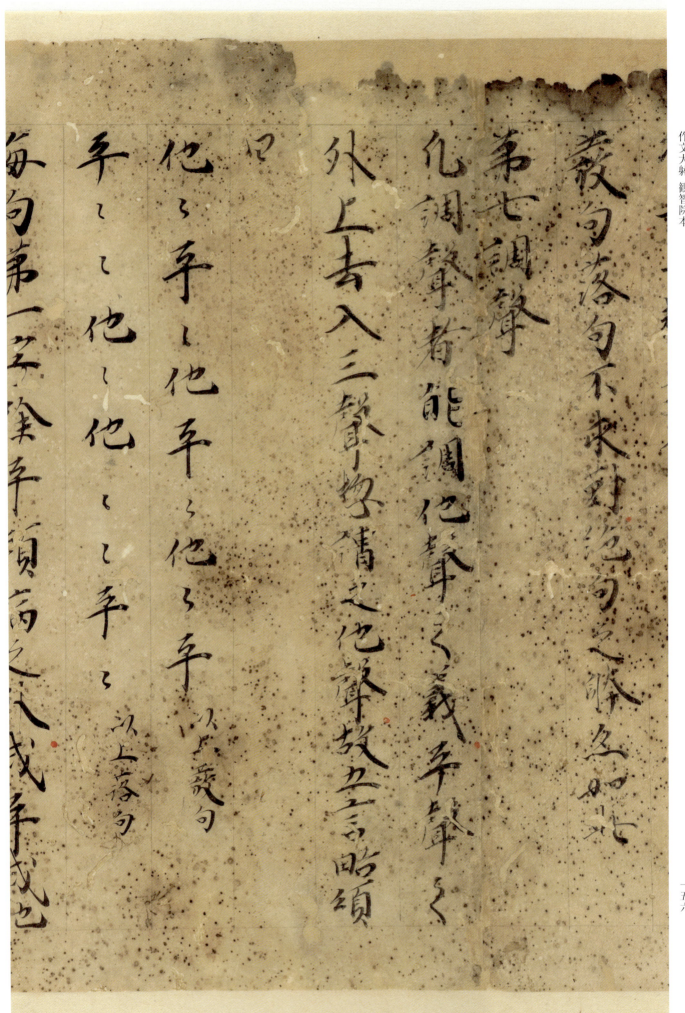

毎句第一字與平頭前之人或平或他

每句第一字除平頭病之外或平或他

意用無妨 七言准之

七言略頌曰

平〻他〻平〻他 若用連韻之時第五字用他聲第七字用韻

他〻平〻他〻平 以上發句

他〻平〻平〻他〻平〻他〻他平〻 已上落句

第八翻音

凡欲学必有反音 反音義 [illegible] 反音必有二字反

凡文字必有反音 反音義与翻同 反音必有二字故

略頌曰 平上去入者依下 軽重清濁者依上

平聲之軽重者同入聲之軽重

重者獨皆依翻音上去字得其軽重

清濁之義也爰只挙平入二聲者上聲

之重濁於去聲〻〻之軽濁於上聲

遊難分別故也

第九用韻

凡詩之韻皆多用平聲不論五言七言其下句之末句用同韻是也古人

隣相似之韻取之通韻俗以爲朝假名

清韻之青字等是也

第十俗說

凡俗說者世俗所傳之說也其說言位詩之等作安韻避病通可等其文々周聲

時非唯梅題避病並可勞其故文調聲
沙則破文雖讀詞述義疑調聲不勞者
時吟詠或犯忌諱為人所嘲況門弟焉
蕨枝柯感無端之類是也
或人賦花之詩用蕨枝柯三字重于同音
朗詠似驗傳之後況又或人詩用感無端
三字重于讀其破文似貪家之稀無紙
端之如此類宜避忌也

端〻以此類宜準之也

五言賠頌曰　二四不同二九對

平〻他〻平　連韻 平他〻平〻　平他平〻他　他平他〻平

平〻〻他〻　平他〻平〻　他〻平〻他　平〻他〻平

七言賠頌曰　二四不同二六對

平〻他〻〻平〻　連韻 他〻平〻他〻平　他〻平〻〻他〻

平〻他〻〻平〻　平〻他〻平〻他　他〻平〻他〻平

他〻平〻〻他〻　平〻他〻〻平〻　捨二

他々平々々他々平々他々々平々　捻二

筆大躰

發句　施頭

夫　夫以　原夫　夫惟　於是　方今　竊以

伏惟　觀夫　于時　蓋聞　誠當知　所以者何

如此類言皆名發句也　或一字二字或三字四字無對

壯句

三字有對發句之次用之但賦及序未必用之

壮句　三字有對發句之次用之但賦及序未必用之
随所施之可調平他聲
萬國會　百工休　夜苦長　晝苦短　春花鮮平
秋月朗他　雲眇ゝ　月蒼ゝ平

緊句　四字有對或施胷或施腹或施腰賦序可施胸之ゝ
可調平他聲
四海交會他　六府孔脩平　夢斷殘績他　老來曙斜

長句　從五字至九字用之或二十余字有對可調平他聲
或施頭施腹賦或脩見可施腹也
五字　石以表其貞平　変以歎其異他
六字　國上二以學首道他　谷中常以養生平

六字　國上仁於孝道也　今中端於祥任乎

七字　自依而上下相過也　從分而貞對夫金乎

八字　秋月澄々而遠近明乎　夜風颯々而東西冷也

九字　咲哉昔諸量力而従命也　見機昔難成切之遠而乎

十四字

紫宸殿之皇后七廻書賢聖之障子也

大宰會之宴於兩度題畫圖之屏風乎 道風書之

隔句 有六躰輕重疎密平雜已上輕重爲勝疎密次之平雜次之六躰同可調平他聲

器將尊志他 五色藏以成文乎

化盡歡心乎 百獸舞以叶曲他

重隔句 上六下四

化輕綺於五色他 猶謝羅衣乎

羨纖手於一拳乎 以迷紈質他

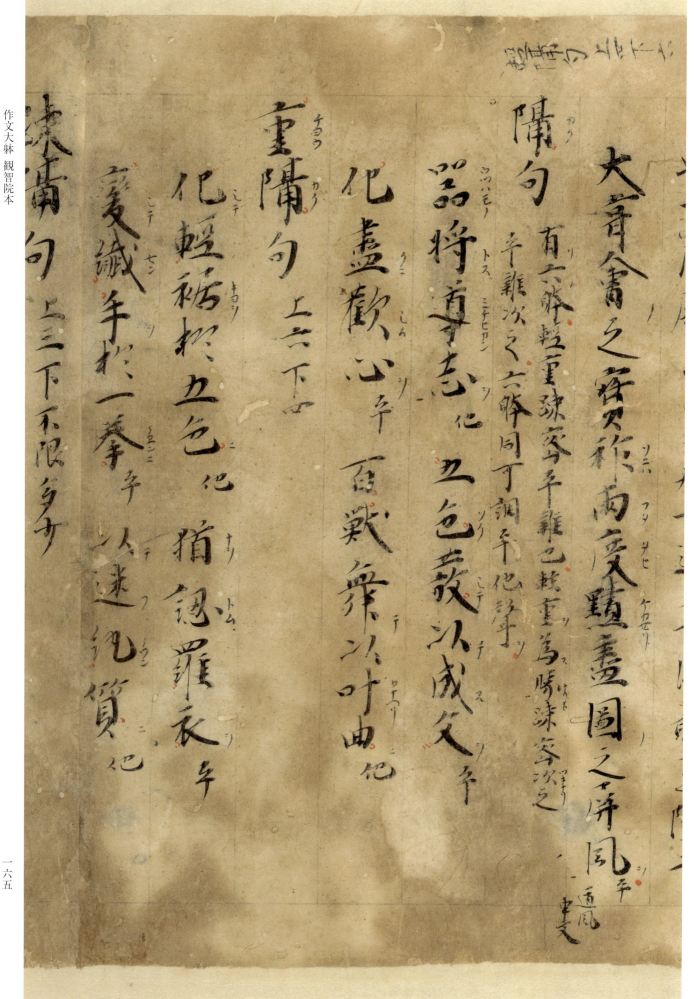

疎隔句 上三下不限多少

踈隔句　上三下不限多少

酒之先 平 名賞於麴蘖 莫倒又 未平已

筆之用 仄 終在於傭 平 有此躰可知

密隔句　上五已上下六已上　或上多少下三有躰

微老聃之説 仄 柔弱勝於對強 平

驗丈子之文 平 積善由乎副鼓 仄

平隔句　上下或四或五

如山岩對 仄 雁壽可司 平

小山桂樹仁　攉弄可同乎
上林桃花乎　顏色相似仁
進寸而退尺仁　常一以貫之乎
日往而月来乎　則就其瑕矣仁
雜隋句　或上四下五七八或下四上六五七八
悔不可追乎　一言労於駟馬仁
行而無跡仁　皇整之九獲乎
軌塵不殺仁　蕙蘭香塵之前乎

孤燈不散乎　暮靄香爐峯之前乎

円月斜臨乎　似對鏡廬山之上乎

畳句　不對合不調乎也聲或四五字七八字或十余字乎也　或絶頭或絶尾或代送句不調乎也聲

我聖上之有國甚哉言之出口

此地之爲躰也　大奈朝謀帝　夫春之爲氣也

今泉院者万葉之仙宮百花之一洞也　喜三乃

何唯淳風坊中一河原院哉　頌河原院賦代之句而用例也

送句　絶尾

送句施尾

者也　而已　者歟　哉　也　耳　此等類言皆名送句也或一字

或二字元對或云詩有對業云不對

傍字

抑　且　就中　等也　如此句

仁和寺円靈供養願文　大納言長谷雄作

仁和寺円也已　遂入　爾一宜乎

仁和寺内地仁建八角一堂乎
奉安置金剛界會三十七尊并八院
天等三昧耶形
斯適弟子
一生瞻仰之基乎　三昧觀念之所也
抑夫
海衆皆請道場乎　何方非脩行之地仁
世間幽遐處爲仁　何處爲常住之西乎

世間如是虚偽也　何處爲常住之栖乎

傍字　迯而

隔句　篤褒德也　篤纏恩乎

発句　追山陵之近邊乎　望松栢之蒼色也

傍字　是猶

壯句　思古人之廬墓側之意也　不討也

緊句　至于今春乎　如法佐養也

開會一日也　備及百善乎

開會一日請衆百僧

輕隔句
各々運心観虚空之月
聲々異口任國遍之風

傍字
於是

緊句
國王有勅供楽一部

聲不去聲也但入聲
上去二聲皆別也

長句
紅櫻乱飛之條
黄鳥和鳴之晨

飄舞衣於花間
混歌曲於聲裏

守人

将以

鷲鳥動諸尊之境界也

娯楽諸天之降臨也乎

傍字

弟子

雑隔句

首為人君乎　万姓所犯之罪自攻於我也

今在仏子也　一身所修之善盡於他乎

緊句

既云有恩乎　更在誰別也

長

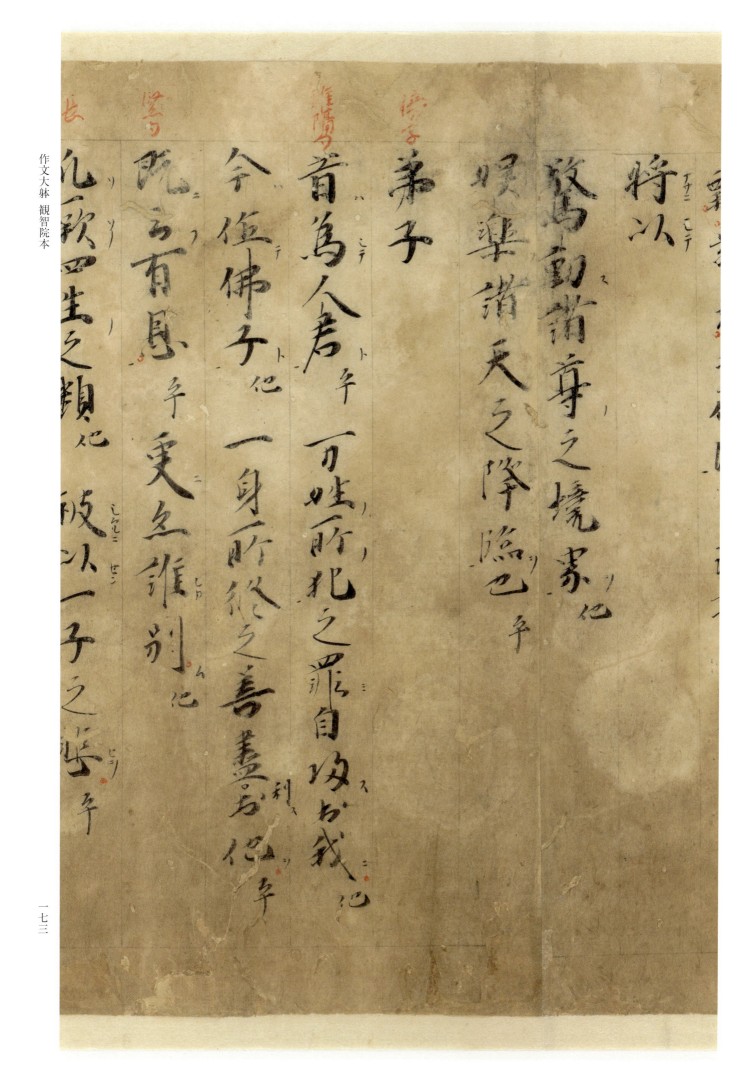

凡厥四生之類也　被以一子之愍乎

長

凡厥四生之類也　被以一子之悲乎

弟子某攸命誓首

古今之例未必居敬白而寧邑

畫虛空藏菩薩讃序

紀納言長谷雄作

元慶五年歳次辛丑十二月廿五日弟子

某奉績五大虛空藏菩薩像一鋪

竪

西月光畫也　眼速色青乎

竪

如過萌於作天乎　交萌於爲大也也

長句　如遍満於弥天乎　類蒲於於大地也

発句　夫

雑隔句　如来以一切種智也　攝恒沙之世界也

菩薩以六波羅蜜也　化微塵之国土也　声トトハ不書　声脚也

密隔句　知衆生之各心乎　静鏡之照物也

應十方之一会也　猶響之随聲乎

何必説於口也　詎於言乎　或聲ソト書

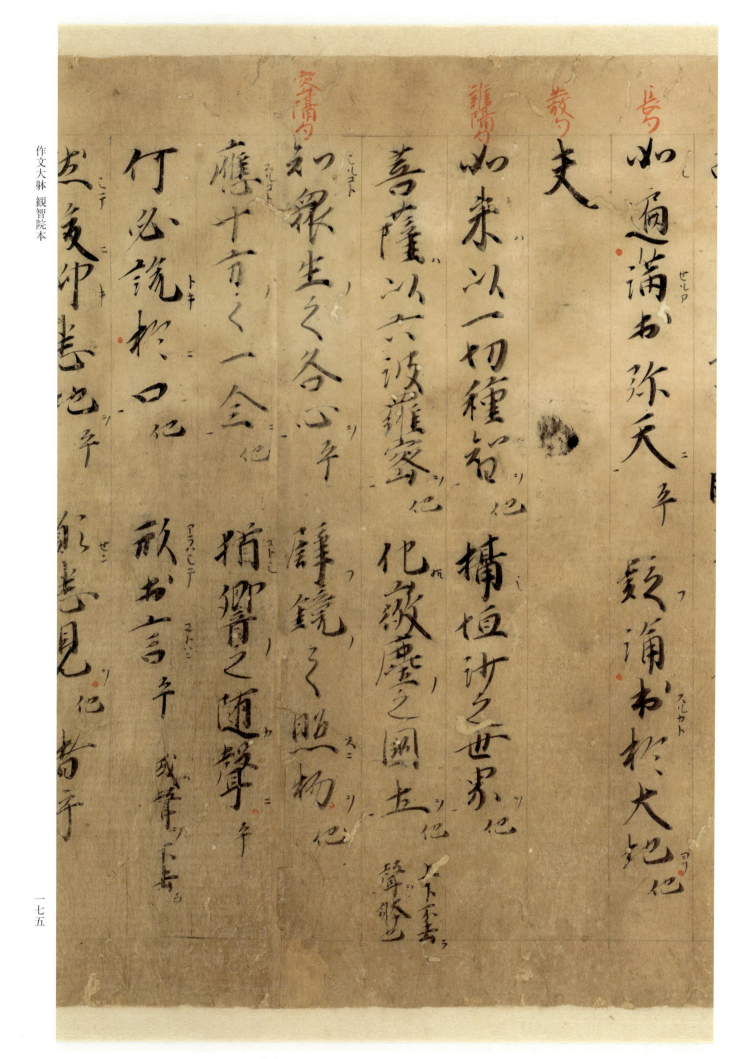

近後仰悲也乎　能悲見也　皆乎

然後仰恩地乎　顕恩見也者乎

倚字　故

発句　翹以王識乎　蔽此口願也

思其所以　唯令而已

倚字　尒時

頓命稽首　更説讃云

御集御八尋問首長句

中書王御作

御筆御八講同者表白　中書王御作

金輪聖王

輕隔句

尭雲適盡乎　潤薬草於春畝仁

舜日重照仁　轉法輪於香衢乎

發句

方今

踈隔句

開蓮之文乎　出聖跡臨池之妙仁

貫花之偈仁　生神筆入木之功乎

義

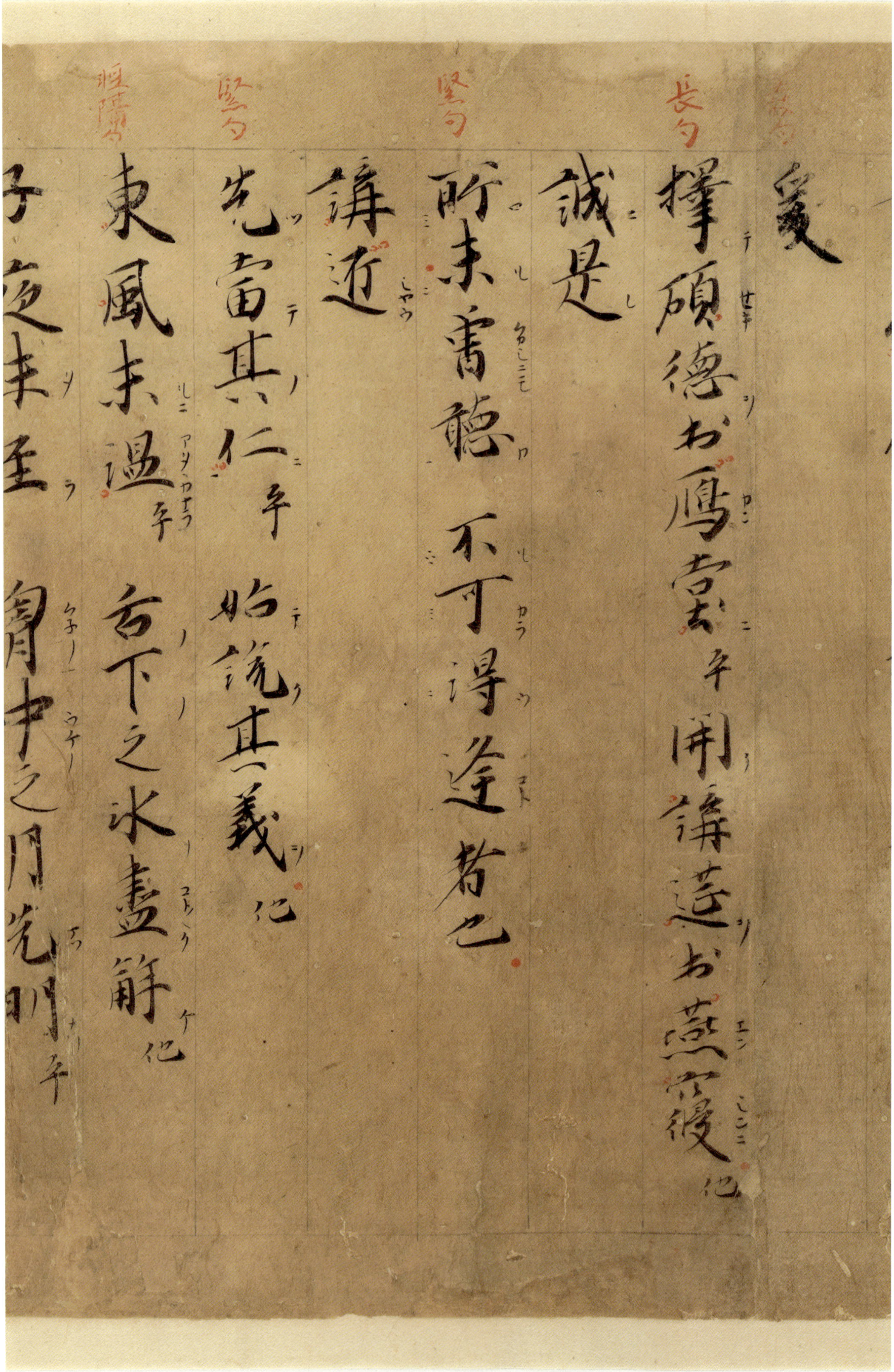
誠是
所未嘗聴　不可得逢者也
先當其仁乎　始説其義也
東風未温乎　台下之氷盡解也

子夜来至　胄中之月光明乎

傍字　柳

長句　聊叩疑関之樞乎　将披難入之義仁

石山参状

請被降　宣旨停止寺前用釣網状　保胤位

石山寺

疊青山乎　面皓水仁

壮句
後青山乎　面碧水他

踈隔句
去其流乎　不過數步他
到彼岸他　纔可一町乎

爰

緊句
日々稱供御析　泡洞畜鈎

長句
儔侶雖加制止　漁人嘗不承引
聲不去
有例

夫
江海に使他
鱗介是多乎

作文大躰　観智院本

堅句 江海非ス使ニ也鱗介是多シ乎

何必

重隔句 観音薩眼之前乎　勤斂生命也

伽藍境地之畔也　長卜漠澤乎

望請

長句 南北五町之内也　東西兩涯之間乎

同 被降倫侯也　停鈎漠乎

同 令波浪來之鱗乎　知慈悲之深也

令彼游詠之輩弁　如慈悲之徳也

仍

謹申状謹請　處分

詩本躰

絶句

与視絃詩

紀納言長谷雄位

与親弦詩　紀納言長谷雄位

六旬餘日廿　三遷若時多　已上腰句

不義非吾畝　親弦莫奈何　已上落句

秋夜待月詩　菅三品文時

病容近秋思　愁人送夜情　已上腰句

莫言倚待月　多是臨難成　已上落句

四韻

賤聚孤為串答　保胤

賦聚砂為仏塔　保胤

聚砂為仏塔　此事出児童　已上發句

應失秋霜匣　欲傾夜雨中　已上胸句

人唯看佐戯　仏不捨其功　已上腰句

彼已攻成道　菩提遂不空　已上落句

賦月詩　紀納言

嫋々孤懸月　清光万里過

状行参分事　之久近へ支　月名也

眣斫漆粉牆　臨水起金波　月色

毵鸛飛無亡　呉牛喘幾多

落䮄笛不得　惆悵作織阿　月色

五言詩絶句詩律詩同去聲對字可云二眾　用二九對也

七言詩　第一第三字不去聲

絶句　付初句第二字平他聲起知之

遊淨土寺　保胤

一来淨眾院塵除　速韻　花歇水文浅魚藻

一来浮束脆塵矜　連韻　花歎水文浅忽深

非水非花非筆硯　為思極楽若相尋

賦序品　後中書王

四十餘年藻秘法　時来欲使衆生知

光呈六瑞誉人覚　唯有文殊說舊儀

四韻

餞奝上人赴唐　保胤

為逢異域於皇城　連韻　相贐有言莫自軽

遙亭異域於皇城　遠願　相瞻有言莫自軽

撫我半顔秋雪冷　襟唇万里暮雲行

難期此去重相見　已契西方共往生

久在消塵非勢利　菩提應趁舊交情

賤恵空含涙　萬感

六十餘翁百事慵　書求此去相逢

敢為寸雨露孤通　難作慈空歎幾重

方赴機通信佛　自他得益豈従龍

多少趣棧道信佛自他得益豈從龍

唯朝臨暮攻溪色　湯礙一聲度嶺鐘

五言詩七言詩同有發句落句二韻云絶句詩有發句胸句
腰句落句四韻云律詩也七言詩去聲對字云二四不同二六對也

發句亦名題目　胸句亦名破題　腰句亦名譬喩又云比興亦名本文　落句亦名述懐

雜體詩

廻文詩　假令

春風是解凍　夜月只數霜　韻毎句如此居韻也

右韻如例詩但倒讀詞相合也又初行始字

右韻如例詩但倒讀詞相合也又初行始字
右韻可右平聲也

字訓詩　假令

里奥罕浪鯉　江鳥送秋鴻

上里奥鯉字也下江鳥鴻字也
毎句如此

越調詩　假令

燈前談話幾今詠　与我汝毫欲曉更

花錦纏柳絲輕　飄来從之動心情

此越調詩者五第三句具並七字但上三字与下

此越調詩者至第三句具無七字但上三字与下
三字相對也句中對

離合詩　假令

烟霞望曉好　日吾忽花臨
陰際青苔滿　石花白動心

毎句如此上烟与日行字相通陰与石
行字相通也

詩雜例

出題事

唐家詩隨物言志曽無句題我朝又

[illegible]題[illegible]

唐家詩随物言志曾無句題裁朝又
貞観以往多以如此而中古以来好句題

句題者五言七言詩中取叶時
宜句也又出新題也

付韻事

以題外字付韻也而有以題中字付
韻之例奥上水題以奥為韻字既顯
鳥宮樹題以宮為韻等是也

題中取韻事

題中取韻事
題五字中取平聲一字爲韻也或謂平
聲字有三字之時取之又有一二字
之時有取之例也
破題句用題字事
題字多廢句可作也而結句位之有其
例花有淺藻題菅家御位云　蘭爲送
秋藻些結菊依臨水淺黄疑是也

秋藻豈結菊依臨水淺黄凝是也

勒韻事

無題詩多有勒韻而句題勒韻之例春

淺帶輕寒題勒初餘輿虚菅家御作也

探韻事

不付韻字只任作者之心作之也

便用韻事

以題終字爲韻字是也

作韻字

以題終字為韻字是也

連韻事

初句終字未必有韻而有韻字位是也

發句不必載盡題字事

句題詩發句盡載題字常例也而蚕

聲入夜催題順詩云　蚕聲切々夜

擣々敲枕還忌玉漏闌入催夜字

不位是也

不佐是也

蕨句對事

蕨句者不對而雨来花自退題藤

萬茂詩云行〻空庸遮漢合肅云

雨脚繞籬飛是也

蕨句不用題字用同讀他字事

蕨句皆佐載題字其字不可替而春

雨繞顔題源英明詩云春雨何因細脚

雨洗顔題源英明詩云春雨何因細脚
頻為過花面洗江塵以面替顔是也
簇句重用同字事
水氣光秋冷顔江以言詩云水氣自
激冷氣通光秋忽催与秋同是也
簇句并胸腰句用同字事
一篇内不依同字麗鉢也而春雨洗花顔
源英明詩云春雨何因細脚頻為過花

源英明詩云春雨何因細脚頻為過花

面洗江塵花情若聴合歓海一一一岐

姿毎折人是也

餘情幽玄躰

清風何處隠題保胤詩云無人展簟

宜相待列子懸車不往還又花寒菊點

葭題菅三品詩云蘭蕙苑嵐摧紫

後蓬莱洞月照霜中是謂紀主之

後蓬莱洞月照霜中是謂引玄之

躰也

破題躰

宮鶯轉曉光題者三品詩曰西樓

月落花間曲中殿燈殘竹裏音是毎

字破題也

似人物躰

文筆識高鳴頭者家卿並吾皇臣

天浄識賓鴻題者菅家御作云碧玉
装筝斜立柱青苔色紙數行書是也

題意勝歸體

秋未出詩境題紀齊名詩云　大本不量
開城終可去從無攻路欲所行

結句述懐體

霜葉満林紅題菅三品詩云　紅林有
重青日盡後應無更承春是也

重青日盡騒應無更縁春是也

雙関對

秋聲脆管絃題菅三品詩云落葉響

随孤竹乱長松韻逐七絃

与絃上下句別作也每句如此

句中對

秋夜倚江以言詩云林蔽唯任蕭條

色九月繞殘二日光林藂与斎徑九

月与二日如對是也

聲對事

香乱花難識題江相公詩云君非白和

籠中透空是梅檀浪壓流白与梅江

音對是也

側對事

夜月明如鏡題平江參寺云光青

[?]對事

海月明如鏡題予佐䟦詩云天清不

弁青銅冶獸殼更疑百練清青与

百對也

數對次字強不求對事

王昭君詩江相公作云胡角一聲霜後

夢漢宮万里月前腸一聲与万里對

也

万葡對事

方角對事
山中述懐詩云　南山月落秋
鬢白嶺水波揚花耳清秋而已仍對尼已
人名對事
橋在列侍云懐孔璋詞並痛馬相
如賦口、陵雲是則對人名之時強不
求對也
人名可名對事

人名与何名對事

雨晴對月　菅家御作云　親對偸言

玄度友鳥登嵩擬度名樓是也以玄

度對度名也

秘府論云

詩者志也在心為志發言為詩情動

秘府論云
詩本志也在心為志發言為詩情動於
中而形於言然後書之於紙也
晈曰
賦者布也適事而布文以寫情也
王云
賦者錯雜万物謂之賦也

（継紙１）

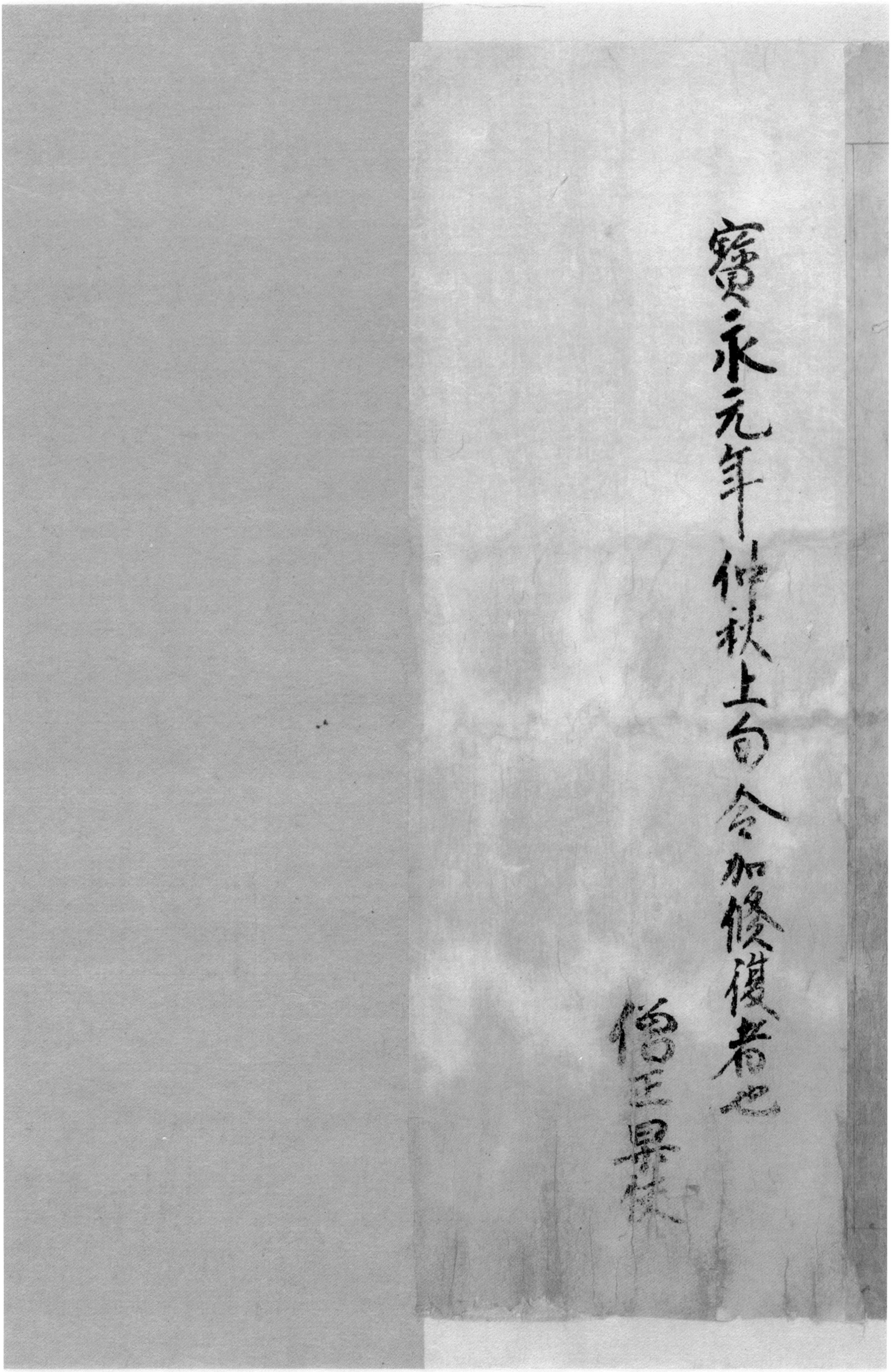

（継紙 2）　（継紙 1）

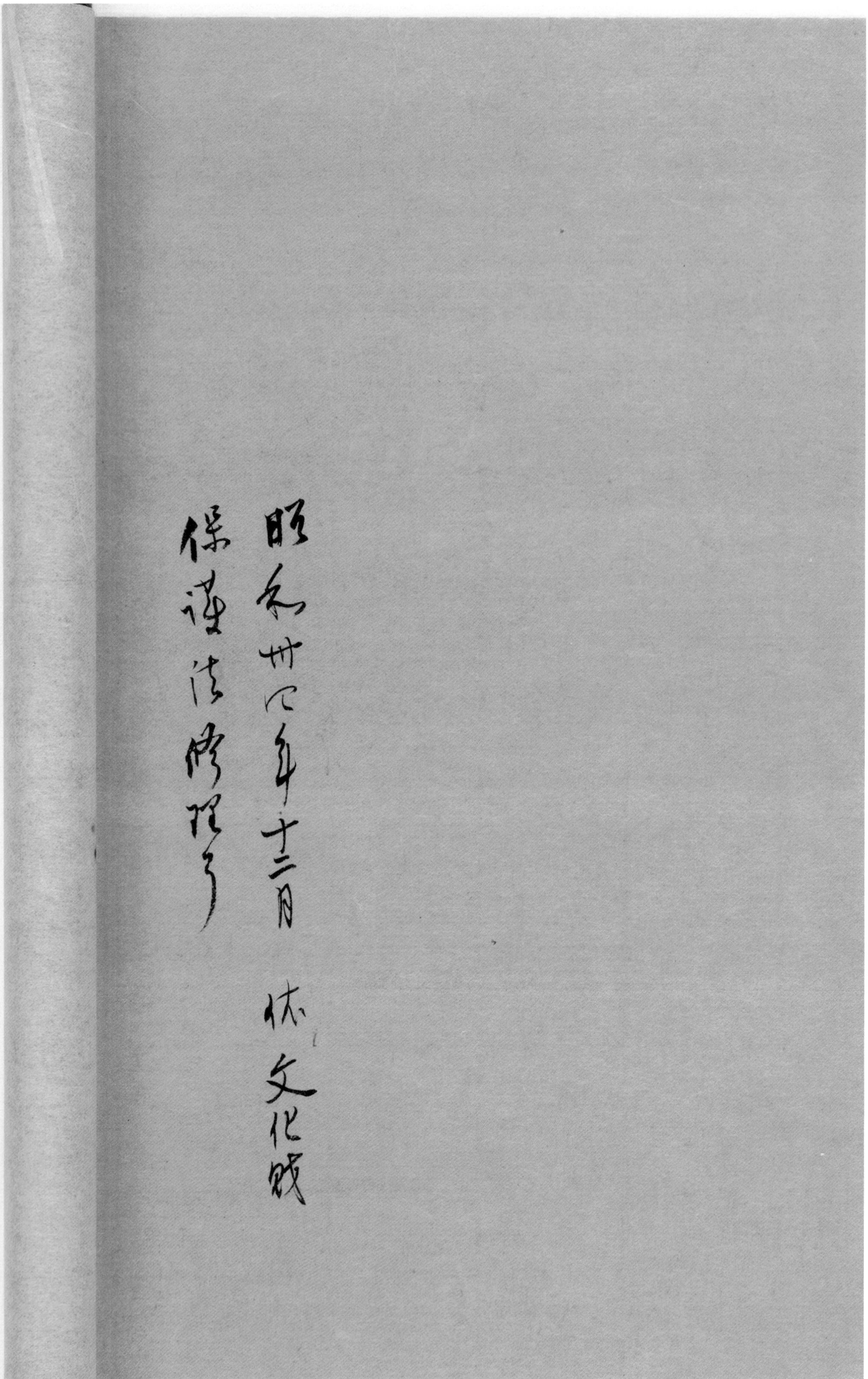
昭和卅八年十二月　依文化財
保護法修理了

『世俗諺文』『作文大躰』解題

後藤　昭雄

世俗諺文　観智院本

『世俗諺文』は源為憲（ためのり）が藤原頼通のために世間で用いられている故事成語について、その出典を明らかにして集成したものである。寛弘四年（一〇〇七）の成立。

請求記号三八九―イ一一。巻子本一軸。表紙は後補の金地絹表紙。黄臘箋紙の題簽に「世俗諺文　上巻」と書く。見返しは銀砂子散らし。現表紙の後に延享四年（一七四七）の補修の際に付された表紙を継ぐ。淡黄色の紙に桐の文様を萌黄色にて押す。「世俗諺文上　源為憲撰」と墨書し、「中下闕失」、「書寫紀年不詳」と朱筆で書く。なお、「書寫紀年不詳」の文字は『作文大躰』のそれ（一四八頁）と同筆と思われる。料紙は楮紙、裏打ちを施す。縦二八・五cm、原寸は二七cm。紙幅は第一紙が二一・七cm、第五十一紙が一五・五cmであるのを除いて、他は四三・七cmから四七・五cmまで、区々である。これら五十一紙を継ぎ、全長二四m、本文は二二m四七cm。第一紙より第四十一紙（一一四頁）までは界高二三・七cm、上界より一cm下にもう一本の横界を引き、また行界も引くが、第四十二紙から第四十七紙（一三〇頁）までは横界のみである。上端より三・三cmの所に第一線、あと五・七cm、二・四cm、二・五cm、一三・二cmの間隔で四線を引く。さらに、第四十八紙より巻末に至る四紙は全く界線を引かない。巻末に白紙を継ぎ、「右両三巻之書乎今見上巻而已後葉／得全本者補書焉虫損修復了／延享四歳次丁卯仲冬五日時定額貫主僧正賢賀春秋六十四」の識語がある。この時点ですでに中下巻は失われていた。

素桐内箱、桐地春慶塗りの外箱に収められ、内箱の蓋表に「重要文化財／世俗諺文上巻　一巻」、蓋裏に「昭和卅四年臘月日　依／文化財保護法修理了／田山方南敬題」の墨書がある。

なお、補修の際に生じたと思われる、料紙のつなぎの不具合で文字が判読しづらい個所がある。そのうち、二〇頁、五四頁、一一六頁は注意を要する。

書写年時は加えられた訓点とともに鎌倉初期と考えられている。[1]

『世俗諺文』の古写本としては本書が唯一の伝本である。しかし、かつて古写本の存したことは本書自体が証している。すなわち、数は少ないながら、上欄あるいは字傍に異本注記がある（三五頁、六四頁、七六頁など）。

『世俗諺文』は本来、上中下三巻から成るものであったが、現存するのは本書、上巻のみである。しかし上巻であることによって、幸いにも序が残された。この序を通して、編者、編纂の事情、その意図、成立時期など、多くのことを知ることができるのである。

編者は源為憲（九四一?～一〇一一）である。従五位下、筑前守忠幹の子。大学寮に学んで、文章生から出身し、内記、蔵人、式部丞等を経て、その後は諸国の国司を歴任する。その著作の中で、天禄元年（九七〇）成立の『口遊（くちずさみ）』は本書に先立つ類似の書として注目すべきものである。これは参議左近衛中将藤原為光（のち太政大臣）の子、当時七歳の松雄君（のち誠信（さねのぶ））のために著したもので、内外の百科の知識を暗誦して学習できるようにした幼学の教科書である。[2]また永観二年（九八四）には、出家した尊子内親王（円融天皇女御、十九歳）のために、『三宝絵』を撰進している。「尊キ御心バヘヲモハゲマシ、シヅカナル御心ヲモナグサムベキト」（序）、仏道修行の助けとして作ったというが、仏・法・僧の三宝、すなわち仏教についての基礎知識を説くものとなっている。為憲は学問の家には属しない「起家」と呼ばれる文人であったが、それだけに伝統の束縛から自由であり、このように年少者、あるいは女性のための啓蒙書を編述している。『世俗諺文』はこの系譜に連なる。

編纂事情については詳しく記述されている。

左大臣藤原道長の嫡子頼通（当時、東宮権大夫）は「春秋に富み」、「文学」を愛好した。道長の邸には多くの学者文人が参侍していたが、頼通はそうした人々のなかのある者を師として漢籍を学び、また、ある者とは友人として共に詩文の朗誦を行ったりした。そこでは「詩書」の抄出も行われていた。そうした状況のもとで、為憲は頼通から藤原挙直（たかただ）が撰集した「我が朝の古来の七言詩秀句一巻」を贈られ、その補遺を編むように命じられた。為憲は挙直ほどの俊才の仕事に手を加えることなどできないとして辞退する。為憲はこれで収まったものと思っていたが、頼通との意志の疎通にくい違いがあったらしく、頼通は為憲が何らかの書物の作成を承諾したと思い込んでいた。そこで為憲が思い至ったのが『世俗諺文』の編纂である。以下は原文を書き下して引用する[3]（原文は二〇頁六行目以下）。

夫れ、言語は自づから交はり、俗諺は多く経籍より出づ。釈典儒書と雖も、街談巷説と為る。然れども、必ずしも本の出づる所を知らず。『抱朴子』に云ふ所謂其の景を見て、其の形を識らず、其の流れを渉りて、其の源を知らざるものか。是を以て、世の口実の、内外の本文、管見の及ぶ所、一百五十二門、六百卅一章に且とす。勒して三巻と成す。名けて世俗諺文と為す。

ここに『世俗諺文』作成の意図、目的が述べられている。最初の一句（「言語者自交」）は、「交」の字の下に、第二句の「経籍」と対語をなす二字を脱しているのではないかと思われ、意味を取りづらい。後への続きから考えて、それはたとえば「人間」のような語ではなかったかと考えられる。仮にそうとすれば、「言語は自づから人間に交はる」、言葉というものは人々の間で取り交わされるものだ、となる。次の文にいう「街談巷説」とはそうしたものである。第二句「俗諺は多く経籍より出づ」、世間で用いられている故事成語は経書に典拠を持つものも多い。次の一文では「釈典」、仏典を加え、視点を変えて言い換えられている。仏典や経書もそのなかの故事や成語が世間で交わされる会話の中でごく日常的な言い回しやたとえとして用いられている。要するに「俗諺は多く経籍より出づ」。しかしながら、その出典が必ずしも認識されているわけではない。そこで「世の口実」、先にいう「俗諺」また「街談巷説」であるが、その「内外の本文」すなわち仏典と経書（先にいう「釈典儒書」）中の出典を求め、集成して一書と成したという。なお、後文にも「言証と為らざるものは、亦摭ふこと無し」とある。「言証」とは「俗諺」の出典である。典拠たる文献を提示することが強く意識されている。

成立時期についても明記されている。ただし、本書には「寛治四年丁未歳秋八月十七日」と書かれているが、寛治四年（一〇九〇）は為憲の没年、寛弘八年（一〇一一）より遥かに後年になってしまい、矛盾する。したがって、これは指摘されているように、干支も合致する寛弘四年の誤写とみるべきである。序に記された頼通の官職、「詹事府員外端尹」、東宮権大夫（寛弘四年正月二十八日任）とも矛盾しない。なお、この時、頼通は十六歳であった。

前引の序に明記するように、本来は百五十二門、六百三十一章を三巻に編んだものであったが、今は上巻の二百二十三章が残るのみである。書物の構成として章の上に門が立てられている。したがって為憲に分類の意識があったことは知られるが、先行する『口遊』が同じように門、曲に分かち、かつ「乾象門六曲」のようにその分類を明示するのとは異なり、類題が記されていないので明確ではない。ただし、現存部が神・天子・忠臣・父母・子・兄弟・夫婦・才能・富貴・貧賤・友人・仙人・教師・文人・学問等に分類されうることは大曽根章介氏に指摘がある[4]。

現存の上巻は次のような内容、書式である。

最初に目録があり、次いで序を置く。その後に「世俗諺文上巻　散班朝散大夫源為憲撰」と、書名、巻数、撰者名を記す。なお「散班」は無官であること、「朝散大夫」は従五位下の唐名。

以下、本文が続くが、わずかながら目録と本文との間に齟齬がある。一二頁七行「四海兄弟」は本文（六七頁）では標語を立てず、前章「兄弟鬩于墻」に続けて書く。一四頁一行「善者従」は本文を欠く。一六頁四行「一諾」と五行「在上不驕」とが本文（一一二・一一三頁）では入れ替わっている。

上巻の目録の前、第一紙に、欠佚する中・下いずれかの巻の目録がある。これに三十二章の諺語が十一行に書かれている。ただし最終行は本文の左半分が切れていて、判読がむずかしいものもある。

本文は各語句ごとに標語を挙げ、次行から一字下げで、その出典となる本文を、初めに書名を示して記す、という体裁である。

本書は「諺」を集成した書として、我が国ばかりでなく、日中を通じて最初のものとなる。中国では宋代の一大叢書『太平御覧』（九八三年成立）の人事部（巻四九五・四九六）に「諺」の項があり、諸書から抄出している[5]が、これは類書の一部門であり、専著ではない。

本書に引用された多種に及ぶ漢籍仏書は当代におけるそれらの受容の状況、テキストの素姓、あるいは学問の方法等を知るのに貴重である。これに関して、その基礎となるテキストが最近、公刊された。濱田寛『世俗諺文全注釈』（新典社、二〇一五年）である。この観智院本を底本として、訓点も含めた忠実な「翻刻」に基づいて、「釈文」（書き下し文）、「出典」の考証、その「語釈」、「大意」

（口語訳）、本朝詩文における「他出例」、「補説」から成る労作である。今後の『世俗諺文』研究の拠るべきテキストである。

『世俗諺文』は初学教科書の先蹤の一つとして、平安末期から鎌倉期にかけて類書の出現を促すものとなる。これについて、従来は『玉函秘抄』や『明文抄』など、鎌倉時代のいわゆる金言集への影響が説かれている[6]が、単なる成句熟語の列挙だけでは類似の書と見るには不十分であろう。先に見たように、注目されるのは、平安末期の成立とされる『幼学指南抄』である。まずは年少者のための教科書であるという基本的性格の同一性である。そうして成語を挙げ、改行して一字下げで、前記の目的に従って書名を明示した後にその本文を引用するという書物としての体裁も全く同じである。

【注】

（1）築島裕『平安時代漢文訓読語につきての研究』（東京大学出版会、一九六三年）。
（2）幼学の会編『口遊注解』（勉誠社、一九九七年）参照。
（3）本書の訓点に拘わらず、私見に依って訓む。
（4）大曽根章介「源為憲雑感」（『大曽根章介　日本漢文学論集』第二巻、汲古書院、一九九八年）。
（5）河野貴美子「源為憲撰『世俗諺文』にみる漢語と漢籍の受容」（小峯和明編『東アジアの今昔物語集』勉誠出版、二〇一二年）。
（6）注（4）大曽根論文、山内洋一郎編著『本邦類書玉函秘抄・明文抄・管蠡抄の研究』（汲古書院、二〇一二年）。

作文大躰　観智院本

『作文大体』は漢詩文を作成するため、また読解するための基本的な知識を書き記した作法書である。

請求記号九二一・一―イ四七。巻子本一軸。後補の現表紙は金地絹表紙、見返しは銀砂子散らし。現表紙の後に宝永元年（一七〇四）の修理に際して補われた表紙を貼付する。厚手の楮紙。左上に「作文大躰」と墨書、その下に朱で「書写紀年不詳[1]」と注記。右下隅に「觀智院」の文字の左半分が残る。料紙は楮紙で裏打ちを施す。縦二九・二cm、原寸は二七・五cm。四二cm及びこれに前後する二十四紙を継ぎ、全長一〇m八三cm、本文は九m九八cm。界高単辺二三cm、界幅二・五cm。巻末に白紙を継ぎ、「賓永元年仲秋上旬令加修復者也／僧正杲快」の識語がある。素桐内箱、桐地春慶塗り外箱に収められ、内箱の蓋表に「重要文化財／作文大躰　一巻」、蓋裏に「昭和三十四年十二月日　依文化財／保護法修理了　田山方南題」の墨書がある。

傍注の類は一箇所のみで、二〇三頁五行、「懐」の右傍に「陳」とあるが、これは東山文庫本に一致する。

書写年代は早く貴重図書刊行会復製本の「解題」（山岸徳平、一九三四年）では鎌倉中期としているが、旧善本叢書『平安詩文残篇』（天理図書館善本叢書和書之部五七）の「訓点解説」（小林芳規、一九八四年）は訓点と共に鎌倉後期とする。

本書は次のような内容である。

㈠序、㈡十則[2]、㈢筆大体、㈣詩本体、㈤詩雑例、㈥文鏡秘府論引用。

㈠序

『作文大体』の序という体裁であるが、本文には『倭注切韻』の序であることが明記されており、矛盾を来している。これはおそらく本来は天慶二年（九三九）に大江朝綱によって編纂された『倭注切韻』の序であるのを、その冒頭に「作文」の効用を標榜していることから、『作文大体』の序に借用したものであろう。

㈡十則

以下の十項である。

(1) 按題　詩を作るには先ず題目について考えるべきこと、題には実題と虚題があり、さらに双関題もあることをいう。

(2) 五言詩

(3) 七言詩

(4) 句名　詩の第一聯を発句、次を胸句というような、句（聯）の呼称。

(5) 詩病（しへい）　詩を作るに当たって避けるべき欠点。蜂腰、鶴膝など。

(6) 字対　色対、数対などの詩における対句。

(7) 調声　平声、他声（上声・去声・入声）を調えるべきこと。いわゆる平仄のこと。

(8) 翻音　反音で、反切のこと。

(9) 用韻　押韻。

(10) 俗説　世間で言われている説の意。それは「詩を作る時は、唯（ただ）題を按じ病を避くるのみに非ず、兼ねて其の破文調声に労（つと）むべし」というもので、これについて説明する。

㈢筆大体

筆は詩に対して文章をいう。文章を構成する句を次のように分類して、簡略に説明し、例を示している。文頭に置く発句以下、壮句（三字）、緊句（四字）、長句（五字以上、十余字に至る）。次いで隔句で、軽隔句以下、重・疎・密・平・雑の各隔句。あと漫句、送句、傍字である。

これを承けて、実際の文章をこの分類に基づいて分析し例示する。紀長谷雄（はせお）「仁和寺円堂供養願文」、同「画虚空蔵（こくうぞう）菩薩讃序」、具平（ともひら）親王「御筆御八講問者表白」、慶滋保胤（よししげのやすたね）「石山奏状」の四首を、前記の各句に拠って句切り、それに従って字間を空け、改行し、欄眉に句名を朱で注記して、文章の構成を分かり易い形で示している。

㈣詩本体

五言詩、七言詩、雑体詩に分ける。前二詩はさらに絶句、律詩に分け、それぞれ二首の実例を挙げて、句の名称などについて簡略に説明する。また雑体詩としては廻文詩、字訓詩、越調詩、離合詩を挙げ、それぞれの例を示して説明する。図示すると、このようになる。

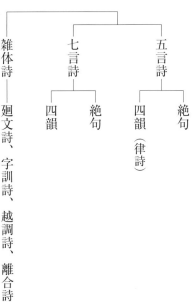

- 五言詩
  - 絶句
  - 四韻（律詩）
- 七言詩
  - 絶句
  - 四韻
- 雑体詩 ― 廻文詩、字訓詩、越調詩、離合詩

㈤詩雑例

二十六項がある。文字どおり雑多であるが、次のように分類できる。

出レ題事、付レ韻事、題中取レ韻事、破題句用二題字一事。

これらは題に関することである。

勒韻事、探韻事、便用レ韻事、連韻事。

これらは押韻に関すること。

発句不三必載二尽題字一事、発句対事、発句不レ用二題字一用二同読他字一事、発句重用二同字一事、発句幷胸腰句用二同字一事。

いずれも句題詩（律詩）の「発句」すなわち第一聯に関することである。

余情幽玄体、破題体、似物体、題意髣髴（ほうふつ）体、結句述懐体、双関体、句中対体。

これまでの「――事」に対して「――体」と称するものを挙げる。各項とも例句を挙げて説明するが、そのような内容の、あるいは、そのような技法を用いた詩（詩句）ということである。なお、「似物」は「ニセモノ」の訓を付すが、比喩である。

声対事、側対事、数対次字強不レ求レ対事、方角対事、人名対事、人名与二何公一対事。

再び「――事」に戻って、すべて対句（「字対」）についての記述である。

㈥文鏡秘府論引用

出典を明記して空海の『文鏡秘府論』からの引用二条がある。南巻の「論文意」、地巻の「六義」からの引用である。

以上のような内容である。

『作文大体』には少なからぬ伝本が存在するが、(3)諸本のうち、本書と同じく鎌倉時代の写本である東山文庫本、真福寺文庫本（大須文庫本）、成簣堂文庫本の三本を取り上げて対照比較し、観智院本の性格、位置を考えてみたい。なお、真福寺本は、近年、欠佚していた部分が見出され公刊された。(4)これによって、ほぼ全体が捉えられるようになった。ここでは後の論述に必要なことに限って述べておくと、当本は一言でいえば十則を増補した形を有している。目録があるが、「俗説」の後に以下の項が続く。「四音八説五音第十二、証拠詩十三、雑体字訓越調廻文詩第十四、切韻戸主字十五、詩六義十六、文八体第十七」。ただし、現存本は俗説、第十二、第十七の本文を失っている。

宮内庁蔵『文筆大体並作文大体』（東山御文庫　勅封 113－5－3－3）

前述のように観智院本は㈠序、㈡十則、㈢筆大体、㈣詩本体、㈤詩雑例、㈥文鏡秘府論引用から成る。後の付加であることが明らかな㈥を除いて、㈠～㈤について他の三本と比較する。

まずこの五項があるか否かを見ると、東山文庫本はすべてである。真福寺本は㈡と㈤がある。成簣堂本は㈡のみがある。すなわち㈡は古写本すべてに存する。このことから十則が『作文大体』の基幹と考えられる。この「十則」であるが、他の論者も同じように称しているが、注（2）に述べたように、これは川口氏による仮称を踏襲しているもので、按題から俗説に至る十項には総称がないのである。このことは、十則がすなわち『作文大体』の原型であることをもの語るものではないだろうか。図版に掲げたのは東山文庫本の一葉であるが、これはその姿を留めるものではなかろうか。(5)そうすると、原『作文大体』は源順の作ということになる。(6)

十則の順序を見る。右の見方に立つと、十則の順序は東山文庫本の目録（図版）が本来のものということになるが、他の三本はこれと相違する。観智院本は(4)までと(10)は同じであるが、(5)以下が、

東山文庫本　(5)調声、(6)翻音、(7)用韻、(8)字対、(9)詩病

観智院本　(5)詩病、(6)字対、(7)調声、(8)翻音、(9)用韻

となる。真福寺本は、順序は東山文庫本に一致するが、(4)句名の後に「雑体」という他本にない一則を立てたために、調声以下が一つずつ繰り下り、十則ならぬ十一則となっている。これは東山文庫本の句名と調声の間の竄入「雑体」（観智院本の「雑体詩」）を一則と見誤って立項したものである。成簣堂本は観智院本と同じである。

東山文庫本の十則は、目録は原型を示していると思われるが、本文には混乱が見られる。当本は十則を重複して持っている。第一帖に先の目録に続いて按題以下の本文があるが、(6)翻音の途中までで、以下を失っている。第二帖のそれは観智院本と同じである。大江朝綱の序を初めに置いて、按題から俗説までの十則が再び書かれている。これが観智院本に拠るものであることは、各題が「按題第一」から「第一按題」という形に変わっていること、(5)から(9)までの順序が前述の観智院本のそれであることから明らかである。

本文の内容を見てみよう。東山文庫本第一帖の十則（前述のように(6)まで）は

観智院本本文の後に増補がなされている。原文を引用して対比する紙幅がないが、按題を例にすると、分量としては観智院本本文と同じほどの補筆がある。(4)〜(6)にも同じように増補があるが、(2)・(3)にはこれがない。観智院本と同じ本文である。第二帖は前述のように観智院本と同じである（増補がない）が、(8)翻音に至って、第一帖で途切れていた（第一帖では(6)であった）増補部分が一部は重複しつつ続くという錯雑した本文となっている。(9)・(10)は再び観智院本と同じ本文である。

真福寺本の十則は以下のようなものである。按題、五言、七言、調声、翻音は東山文庫本（増補された本文）と同じ。句名はこれにさらに補筆がある。観智院本からすれば二重に増補されていることになる。用韻以下は東山文庫本は欠けているので観智院本と比較すると、用韻、字対、詩病ともに増補があるがそれぞれに形が異なる。用韻は観智院本本文の後に補筆があるが（東山文庫本の形）、字対は観智院本本文の諸所に加筆する。詩病はこの形の本文の後に更にまとまった補筆がある。真福寺本十則はこのようにかなり複雑な形となっている。

十則以外である。東山文庫本には序、筆大体、詩大体（観智院本は「詩本体」[7]）、詩雑例があるが、本文はわずかな小異はあるものの観智院本と同じである。ただし、順序が相違し、東山文庫本は筆大体が詩大体、詩雑例の後に位置する。すなわち観智院本の筆（文章）—詩に対し、東山文庫本は詩—筆の順となっている。

真福寺本には詩雑例があるが、不規則な形で存する。当本の十三、十四は観智院本の十則の五言詩、七言詩、及び雑体詩の項に引用された例詩を「証拠詩」として特立させたものであるが、その両者の間に割り込むかたちで詩雑例が置かれている。

先に述べた十則を原型と見る立場からすれば、十一世紀中葉以後の成立とされる[8]観智院本は百数十年後の姿を示していることになるが、上述の他の古写本との対比から、それはどのようなものであろうか。十則は詩（句題詩）の詠作のための基礎知識を記している。すなわち『作文大体』は作詩の作法書であったが、観智院本は筆大体が加わって、詩と文の作法書となっている。他の本も、東山文庫本の外題「文筆大体」がもの語るように、同様の性格を持つものとして成長していくが、一方に十則が増補された形の、すなわち文の要素を持たない真福寺本がある。近年、欠佚部が出現し、その全体像が見えてきたことで文の要素を加えた諸本の変貌がより明らかになった。なお、十則の順序も観智院本は一部に変更が生じている。このような変化も遂げているが、本文は古態を保っている。十則の本文についてはすでに見たが、筆大体もそうである。その説明部分の句の名称、分類さらに例句は中国の『賦譜』に拠るものが多い[9]が、観智院本はその当初の形を残している。

【注】

(1)「詳」は原本でも読み難いが、『世俗諺文』に同一の朱書があり（七頁）、これと対照して判読できる。

(2)「十則」は川口久雄『平安朝日本漢文学史の研究』（明治書院、一九六一年）第二十二章第五節における用語に従う。『作文大体』には他の諸本も含めて、この項の総称はない。

(3)小沢正夫「作文大体の基礎的研究」（愛知県立女子大学『説林』一一、一九六三年）。

(4)国文学研究資料館編、真福寺善本叢刊『漢文学資料集』（臨川書店、二〇〇〇年。解題、翻刻は山崎誠）。

(5)同様の推定は早く川口氏にある。注（2）に同じ。

(6)十則の部分は源順作であろうとの指摘は山崎誠「作文大体の原初形態について—附録東山文庫本『文筆大躰』翻刻」（国文学研究資料館『調査研究報告』第二三号、二〇〇二年）にある。

(7)東山文庫本との対比から、観智院本は詩雑例の「発句不用題字用読他字事」の次に「発句不用題字用義他字事」を脱していることが知られる。

(8)小沢正夫「作文大体注解（上）」（『中京大学文学部紀要』第一九巻二号、一九八四年）、同（下）（同第一九巻三・四号、一九八五年）。

(9)小西甚一『文鏡秘府論考』研究篇下（講談社、一九五一年）。

『世俗諺文』『作文大躰』訓点解説

山本　真吾

ここに収録する『世俗諺文』と『作文大躰』は、ともに「観智院本」と称せられてきた。この二巻は、天理大学附属天理図書館に収蔵せられる以前に、東寺観智院金剛蔵にあったことがそれぞれの巻末に記された修補奥書により知られ、この来歴に因んでの呼称である。『世俗諺文』は、江戸時代延享四年（一七四七）に東寺僧賢賀の修補奥書があり、『作文大躰』は、同じく江戸時代の宝永元年（一七〇四）東寺僧杲快(1)のそれがある。ここでは、この二巻に加えられた訓点について検討し、旧解説を踏まえつつ、それぞれの特徴の一面を紹介したいと思う。

『世俗諺文』の訓点

旧解説に拠れば、本書には全巻に亘って墨書の訓点（片仮名の和訓・字音、声点、返点、合符）が細密に施されており、本文書写当時に施したものとされる。所々に、別筆の墨点が散在するが、字体等からしてこれも時代は下らないものと説かれる。今回、原本を親しく閲覧する機会に恵まれ、逐一影印との照合を行ったが、本影印においてこの別筆を判別することは十分可能であることが確認された。

この墨書の訓点は、片仮名の字体や訓点の用法、和訓・字音におけるm・nの区別が保たれていることなどを根拠として、鎌倉時代初期加点と推定されている。

典拠の漢籍において固定した訓法を一部反映し、古語の残存が認められるが、典拠となったそれぞれの漢籍の現存点本と比較するに、いずれも一致せず、「則（トキンバではなくスナハチ）」、「欲（ムコトヲホッスではなくムトオモフ）」と読むなど、仏家読みを多く混じていて、既に漢籍訓読の特徴を失っているとされる。加えて、鎌倉時代に生じた変化を反映して、喉内入声字の促音化、合拗音の直音化、ヤワ行二段動詞のハ行に転じた例、連濁の例などを紹介している。

高松政雄氏(2)は、本書の声点に注目し、特に呉音声調を中心に考察を加え、総じて呉音声調の原則に適うものであることを確認したうえで、上声のない呉音の声調体系にあって、本書には去声一音節字が上声化する例の見えることなどを指摘する。また、漢音については、慧林音義の特徴の一であるところの、全濁上声字の去声化の影響を蒙っていることなどを指摘しており、上声の非全濁字までも四割以上去声に移っていて、上声に留まるものが過半数を占める程度という状況を踏まえ、本書の加点者が、僧侶であるためかも知れないと説かれた。これを承けて、近年では、石山裕慈氏(3)が本書の漢字音全般について更に検討を加えており、仏教語彙や一部の文献名は呉音で読み、それ以外は漢音を基本としていること、漢音の仮名音注はこの時期の変化を反映せず、より規範的な形を保っていること、漢音の声点は軽重（特に入声）に混乱が見られること、（全濁字以外の）上声に加点されるべき字に去声が差されている例が存すること、漢音の連濁例は少数であることを指摘されている。

以上のように、本書の漢字音の性格については相当のところまで明らかにされている。

これに比して、本書の和訓については未だ十分には論ぜられていないところもあるように見受けられるので、この和訓について、ここでは重点的に解説を施すこととする。

本書の和訓については、築島裕氏、小林芳規氏がそれぞれの代表的著作(4)の中で、本書から和訓を多く挙例されている。両氏は、本書の和訓を、他の訓点資料とともに、主として語彙・語法の面から漢文訓読語の特徴を裏付ける資料として扱われている。しかし、本書の和訓は、当時の訓点資料全般に共通して見られる語彙からは外れた、珍奇な語も認められるようである。一般の訓点資料に類例を求め難い、いわば《世俗諺文古点特有和訓》とでも称すべき語が指摘できるのである。

平安鎌倉時代の訓点資料の語彙全般については、『訓点語彙集成』(5)全九巻（八巻、別巻漢字索引）によって窺い知ることができる。

以下には、本書の和訓のうち、『訓点語彙集成』の見出し語に挙がっていないもの、あるいは挙がってはいるが本書（訓点資料番号12505019、すなわち築島氏は本書の加点を西暦一二五〇年頃と推定）の例のみである語を抽出して示し、順次検討を加えてゆく(6)。無印は本書の和訓のみが用例として挙がっているものであり、＊は『訓点語彙集成』に採録されていない和訓、△は本書の他に一、二例程度は見える和訓である。

（1）「あしたす」（晨）

・牝（去）鶏（平）（ノ）［之］晨スル［牝鶏之晨］（一三2）

・牝（去）-鶏（平）（ノ）［之］晨スル　史記ニ云ク…牝-鶏ハ晨スルコト毋レ牝鶏ノ［之］晨スルハ惟レ家ヘノ［之］素（索）ルナリ［也］［牝鶏之晨　史記云…牝鶏毋晨牝鶏之晨惟家之素（索）也］（七〇3〜4）

『訓点語彙集成』に挙げる三例はいずれも本書の例である。「あしたす」は、名詞に形式動詞「す」を付けた語で、訓読では好んで用いられる語構成であり、次の「いのりことす」「ほがひごとす」なども類例である。注文に引くように『史記』に見え、『尚書』牧誓を典拠とするようである。しかして、書陵部蔵『群書治要』巻第二尚書建長五年点には、

・牝-鶏は晨スルこと無シ…牝-鶏（の）［之］晨スルは惟家（の）［之］索ルナリ［牝鶏無晨…牝鶏之晨惟家之索］（324行）

のように見え、また、下って、『太平記』にも見えるが、やはり『尚書』を踏まえている。

・牝鶏晨スルハ家ノ尽ル相ナリト、古賢ノ云シ言ノ末、ゲニモト被㆓思知㆒タリ（『太平記』巻第十二兵部卿親王流刑事付驪姫事、大系一・四三一11）

右のように、「あしたす」は当該句を踏まえた箇所に限定的に用いられた語であろう。

（2）「あたま」（頭）△

本書に、

・頭ノ上ニ針ヲ刺ス［頭上刺針］（一三5）

・頭ノ上ニ針ヲ頬ス［頭上頬針］（七七3）

とある。

現代語で頭部全体を指す「あたま」は、

・顖会、針灸経云、顖会、一云天窓〈頭、…字作㆑肉、和名阿太万〉（元和本『和名抄』三・一ウ）

のように、元来は、「顱門（ひよめき）」、すなわち、乳児に見られる前頭部の骨のすきまを指す語であった。本書の注に引く『賢愚経』の文言からもこの意で使用されていると判ぜられる。訓点資料には、

・三年に（し）て顖合フ［三年顖合］（『五行大義』元弘点、巻第五516行）

の例もあるが、他には見出し難く、古辞書の『和名抄』以外の使用例としては、本書の例が最も古いようである。

（3）「あなづり」（務・侮）

・毛詩ニ云ク兄弟［于］墻ニ鬩ク外ニハ其ノ務ヲ禦キ…兄弟内ニ鬩ト雖（モ）外ニ侮ヲ禦ク［也］［毛詩云兄弟鬩于墻外禦其務…兄弟雖内鬩外禦侮也］（六七3〜5）

ラ行四段活用の動詞「あなづる」の連用形転成名詞である。「アナツイ」の「イ」は「リ」の誤写か。他に、

・第一戒之時、心中ニハ深雖㆑存保由、家人以下アナヅリモゾシ侍トテ、候㆓眠体㆓不㆑称㆓保由㆒（『古事談』巻第四、三八六3）

や『今昔物語集』などの中世説話に見えるが、訓点資料には他例を求め難い。注文に引く毛詩の文句は小雅・常棣を典拠とするが、書陵部蔵『群書治要』巻第三（『毛詩』）建長五年点には、「アナトリ」（195行）とある。

（4）「あまのうき（はし）」（天浮橋）

・日本紀ニ云ク伊-弉諾ノ尊伊-弉冉ノ尊天浮橋ノ［之］上ニ立テ［日本紀云伊弉諾尊伊弉冉尊立於天浮橋之上］（七五4）

天の神が地上に降りる時に天から地にかかったとされる橋で、『古事記』に見える。この逸話を踏まえ、

・あまのうきは□(し)のしたにて□□□(めがみ)をとこがみとなりたまへることをいへる歌なり（元永本『古今和歌集』仮名序・二オ）

の例の他に、『太平記』と御巫本『日本紀私紀』に例がある。

（5）「あをうみ」（滄溟）

・廼チ天ノ［之］瓊…弐矛ヲ以（テ）指シ下（シ）テ［而］之（ヲ）採ルニ是滄溟ヲ獲ツ［廼以天之瓊…弐矛指下而採之是獲滄溟］（七五5〜6）

次の古辞書に見える語で、訓点資料など他例は得難い。

・○滄溟アヲウミ（前田本『色葉字類抄（三巻本）』下・二五オ1）

（6）「いさざめ」（鰔）

・鰔ノ頭為ム［為鰔頭］（八4）

目録のみの箇所であり、諺文の意味するところは未詳であるが、濱田寛『世俗諺文全注釈』（新典社、二〇一五年）は、いやしい小人物の比喩として用いられる如きであると考証している。シロウオ（素魚）の異名、あるいはサンショ

ウヲの異名かとされる。
・イサ、メ如何、…ナマツノ尾ヨリハイサ、メノ頭トイヘルタトヘアリ、小魚ノ名歟(ソレモイサ、カノ心ニ同シ 少分ノ義トキコヘタリ)（『名語記』巻第九・四オ）
『名語記』の説くところ、「鶏口牛後」の譬えの類で「鶏口」に相当するか。いずれにせよ、他書には見出しにくい。

(7)「いとなし」（靡盬）△
・師ー説ニハ王事靡(イト)ー盬(ナシ)（ト）アリ［師説王事靡盬］（三一8）
京都国立博物館蔵（東洋文庫旧蔵）『日本書紀』巻第二十二平安後期点（129行）をはじめ日本書紀古訓（図書寮本、北野本）などに見えるが、毛詩古訓の例は未だ求め得ないと言う。(7)
・よるはさめひるはながめにくらされてはるはこのめぞいとなかりける（『一条摂政御集』一三二）

(8)「いのりことす」（禱言）
・嚔(ハナヒ)テ則チ禱言(イノリコト)ス［嚔則禱言］（一四6）
・嚔(ハナヒ)ルハ則チ禱言(イノリコト/ホカヒコト)ス［嚔則禱言］（九〇8）
名詞にサ変動詞が付いた訓読語形と見られるが、他例を求め難い。

(9)「うきぎ」（槎）＊
・槎(ウキ、)ニ乗(ノ)ル［乗槎］（一六8、一一八8）
『和名抄』『類聚名義抄』等の古辞書には見えるが、訓点資料には例が得難い。「うきぎに乗る」は『躬恒集』『源氏物語』（松風）の和歌に例がある。

(10)「うへ」（筌）
・魚ヲ得テ筌(ウヱ/サテ(別筆))ヲ忘(ワス)レン［得魚忘筌］（九1）
別筆で「サテ」訓もある。ともに漁具の意。『新訳華厳経音義私記』『和名抄』に当該語が見えるが、一般の訓点資料には見出し難い。

(11)「おちもの」（遺）△
・道ニ遺(イチモノ)ヲ拾(ヒロ)ハ不(ス)［道不拾遺］（一一五1）
これも一般の訓点資料には見えないが、書紀古訓には用いられる語で、京都国立博物館蔵（東洋文庫旧蔵）『日本書紀』巻第二十四平安後期点（12行）の例がある。

(12)「かたはらぼね」（脅）△
・死（去）牛（平濁）ノ［之］脅(カタハラホネ)（ヲ）帯(オヒ)ニシテ［帯死牛之脅］（一〇二6）
人体部位の呼称で一般の文献には見出し難い。金剛寺蔵『医心方』鎌倉初期点（二八ウ3）や『和名抄』『類聚名義抄』に例がある。

(13)「かのこご」（麑）＊
・夫レ一ー麑(カノココ)ヲ［而］忍ヒ不(ス)［夫一麑而不忍］（四四3）
他例を求め得ない。「麑」は鹿の子。「カノコ、」のように踊字を用いないところから、「カノコ」と「コヲ」との二訓に分けて考えるべきか。

(14)「くろつき」（黒突）
・墨(クロ)ー突(ツキ)ハ黔(クロマ)不(ス)［墨突不黔］（八四1）
・孔ー子黔(クロ)ー突(ツキ)無(ナ)シ［孔子無黔突］（八四2）
「くろつき」は煤で黒くなった煙突の意という。『世俗諺文全注釈』は誤訓とし、「墨」は墨子の意で、ここは墨子の自宅の竈の穴と解する、従うべきであろう。

(15)「こぶり」（催）
・虱(シラミ)ノ催(コフリ)ニ袴ヲ焼(ヤ)ク［虱催袴焼］（九5）
・虱(シラミ)ノ催(コフリ)ニ袴(ハカマ)焼(ヤ)ク［虱催袴焼］（二六1）
〈兆候が顕在化してくる〉〈もよおす〉の意味と解される。訓点資料に限らず他の使用例が見出しにくい。前田本『色葉字類抄（三巻本）』に、
・催コ（上）フ（上濁）ル（平） 虱催袴焼是也（下九オ1）
とあり、この諺文を引く。声点が差されていて、第二音節が濁音であることが分かり、「コフリ」はこの動詞「こぶる」の連用形転成名詞と知られる。さらに『名語記』にも、
・問 人ヲコ（上）フ（上濁）ル（平）如何、答擢也(ママ)、コトハムラスノ反（巻第八、五八オ）
とあり、声点も一致することから、『色葉字類抄』と『名語記』両者の関係も気になるところであるが、元来、平俗な日常語ではなかろうか。

(16)「さで」（小網）
・魚ヲ得テ筌(うヱ/サテ(別筆))ヲ忘(ワス)レン［得魚忘筌］（九1）
「さで」は夙に『万葉集』に見える。

・三川の渕瀬もおちずさで〈左提〉さすに衣手濡れぬ干す児はなしに（巻第九・一七一七）

その後、『色葉字類抄』や『類聚名義抄』に登載されるも、文献例を見出しにくい。山口光円氏蔵『草案集』（建保四年写）に比喩的な表現で用いられる。

・戯論（ノ）［之］麗《サテ》ニ懸リ、愛欲（ノ）菱《ヒシ》ニ貫（かれ）テ（五オ）

(17)「しくま」（羆）△

・熊ニモ非ラス羆《シクマ》ニモ非ス［非熊非羆］（四八3）

・史ー記云ク…虎ニモ非（ス）羆《シクマ》ニモ非（ス）［史記云…非虎非羆］（四八4～5）

ヒグマの別称という。『新撰字鏡』『和名抄』の他、書紀古訓及び金沢文庫本『弘決外典鈔』弘安七年点下（一九オ3）に見える。

(18)「したふ」（軒渠）

・軒渠《シタフ》（一二5）

・軒渠《シタフ》…児父母ヲ見テ軒渠《シタ》イ笑ヒ悦（ヒ）テ往（キ）テ之（ニ）就《コ》（カム）ト欲《ス》［軒渠…児見父母軒渠笑悦欲往就之］（六三3・六四1～2）

「したふ（慕）」自体はごく普通の語であるが、漢字との対応が珍しい。注文にある如く『後漢書』（巻第八十二下・薊子訓伝）に見える熟字である。なお、前田本『色葉字類抄（三巻本）』にも、

・軒渠シタフ シリシタヒ（下八六オ2）

とある。

(19)「しれもの」（白物）

・借《カ》ス者ハ白物《シレモノ》［借者白物］（一七5）

・借《カ》スハ［者］白物《シレモノ》［借者白物］（一二九2）

第二例の諺文下注に「倭ノ［之］謂也」とあり、本朝の俗諺であることを記している。しかして、「しれもの」は愚かの意で、訓点資料には見出しにくい。

・このあそんどものしれものやあそびはべるとて（前田本『宇津保物語』くらひらきの上、九九四3）

右の他『落窪物語』『大鏡』など仮名文学作品に見られる。

(20)「すさる」（菹）

・子（去）路（去）衛《エイ》（去）ノ君ヲ殺サ《シ》シムヨトヲ歎シテ［而］事成（さ）不シテ身《ミ》［於］衛《エイ》（去）ノ東ー門ノ上ニ菹《スサ》レタリ［子路歎殺衛君而事不成身菹於衛東門上］（一〇四1）

引き下がるの意と解する。他の訓点資料等には見えないが、『名語記』（巻第八・一四九ウ）には例がある。

(21)「せぐくむ」（跼）

・高天ニ跼《セク》メ厚地ニ蹐《ヌキアシ》ス［跼高天蹐厚地］（一一2）

・毛詩ニ云ク天ヲ謂《イ》ヘリ蓋シ高シ敢（ヘ）テ跼《セク》メ不《スハアルヘカラム》不《ス》［毛詩云謂天蓋高不敢不跼］（四一5）

本書の例以降は、十五世紀まで使用例を見出し得ない。

(22)「そだつ」（生）

・其ノ母竊カニ挙（去）シテ之（ヲ）生《ソタ》ツ［其母竊挙生之］（五七8～五八1）

訓点資料には見出し難い。『為仲集』に、

・もも敷にそだつとならば鶯もくもゐのつるをみもならはなん（六八）

と見える他、『名語記』（巻第二・二九ウ）に用いられる。

(23)「ちかひこと」（盟言）

・本ノ婦盟ー言《チカヒコト》ヲ為《ナ》ス［本婦為盟言］（七七7）

本書の例以降は、十六世紀まで使用例を求めがたい。

(24)「なかうど」（媒酌）△

・媒妁《ナカウト》（一三3）

・媒《ナカ》ー妁《ウト》 毛詩ニ云ク…注ニ云ク礼（上）无（シ）トイハ媒妁《ナカウト》（ニ）由（ラ）不（ト）謂《イ》フ［媒妁 毛詩云…注云无礼謂不由媒妁］（七二8～七三2）

本書以外の訓点資料では、醍醐寺蔵『遊仙窟』康永三年点に、

・如ハ媒《ナカタチ・ナカウト》に因（リ）而嫁《テトツ》ク［如因媒而嫁］（三三オ）

に見える程度で訓点資料には例を求め難い。仮名文学作品では、

・誰がなこうどしてしはじめしぞ（『落窪物語』巻第二、一三七4）

などに例がある。

(25)「なほる」（直）△

・尚書ニ云ク…注ニ云ク木ハ縄ヲ以テ直《ナヲ》リ君ハ諌ヲ以テ明ナリ［也］［尚書云…注云木以縄直君以諌明也］（四〇7～8）

訓点資料では、石山寺本『法華経玄賛』巻第六平安中期点（37行）及び大谷大学蔵『三教指帰注集』上本（三七ウ2）に見える。仮名文学作品には『源氏物

語』（若菜上）などに散見する。

(26)「はぐろめ」（黒歯）

・黒歯（一三3）

・黒歯　山（去）－海（上濁）－経ニ云ク黒－歯ノ国有リ［黒歯　山海経云有黒歯国］（七二6〜7）

・眉さらに抜き給はず、歯ぐろめさらにうるさし、きたなし、とてつけ給はず（『堤中納言物語』虫めづる姫君、大系三七六11）

の例の他、仮名文学作品には見えるが、訓点資料には例を求め難い。

(27)「はらつづみ」（腹鼓）

・鼓腹（一〇4）

・鼓腹　荘（上）子（平濁）ニ云ク…哺ヲ含（ミ）テ［而］遊ヒ鼓腹ウチ（テ）［而］熙フ［矣］［鼓腹　荘子云…含哺而遊鼓腹而熙矣］（三四3）

『土左日記』に見える他、『類聚名義抄』に「ハラツ、ミウツ」（仏中一一八）とある。

(28)「ふたご」（両子）△

・両子ハ前ニ生（レ）タルヲ兄ト為［両子前生為兄］（一一4・五九5）

訓点資料では仁和寺蔵『医心方』院政期点巻第一（三四オ3）に見えるものの他例は得難い。『愚管抄』と御巫本『日本紀私紀』に例がある。

(29)「ほがひごとす」（禱言）

・嚔ルハ則チ禱－言ス［嚔則禱言］（九〇8）

「イノリコトス」と同様、他例を見出し難い。

(30)「まどし」（貧）△

・家貧シク親老（イ）テ官ヲ択（ハ）不シテ［而］仕フ［家貧親老不択官而仕］（一一6）

夙に天理図書館本『金剛般若集験記』平安初期点（一一頁2行）に見えるが以降の訓点資料には見出し難い。中世の『宝物集』『徒然草』に例がある。

(31)「まとなり」

・器（ノ）円ナルトキハ［則］円ナリ［器円則円］（一〇九1〜2）

「マトナリ」は『新撰字鏡』『奥義抄』に見られるが、「まどかなり」に比べて例が少ない。

(32)「まなびる」（学）

旧解説に、上二段活用「まなぶ」が漢籍訓読語として伝えられ中世になって一段活用に変わった新語法であるとの指摘がある。やはり他例は得難い。

(33)「みちみち」（道）

・四（入）－知（平）ヲ畏ル　東－観ノ漢－記ニ云ク楊（平）震（去）東（平）莱（平）（ノ）守（去）ト為テ道昌（平）邑ヲ経［畏四知　東観漢記云楊震為東莱守道経昌邑］（四六6〜7）

『落窪物語』や『宇治拾遺物語』には見える語であるが、訓点資料には他例を得難い。

(34)「みづのうゑ」（渇）

・盗（去）－泉（平）ヲ飲マ不　漢－書ニ云ク関－中（ニ）盗－泉有（リ）孔－子之ヲ過ルニ渇ヲ忍（ヒ）テ飲マ不［不飲盗泉　漢書云関中有盗泉孔子過之忍渇不飲］（一一四3〜4）

他例を求め難い。黒川本『色葉字類抄（三巻本）』に、

・渇（下六三オ7）

とある。

(35)「めざむ」（寤）

・嚔ル人我ヲ導フナラシ　毛－詩ニ云ク寤メテ言寐ネ不［嚔人導我　毛詩云寤言不寐］（九〇3〜4）

訓点資料には見出し難い。仮名文学の『源氏物語』には、

・やうやうめざめて、いと、思えずあさましきに、あきれたる気色にて（空蝉、大系一・一一六2）

のように用いられる。

以上の諸語は、一般の訓点資料には原則として例を見ない、いわば世俗諺文古点に特有の和訓であるが、これらを通覧するとおおよそ三つほどのグループに分けられるようである。すなわち、漢籍訓点資料に用いられた訓が本書を通して伝わったもの、日本書紀古訓が本書を通して伝わったもの、そして、訓点資料以外の、中世説話や軍記、『名語記』などの口語的要素が指摘される文献に見出されることから、日常通俗の語と考えられるもの、の三群である。

このように『世俗諺文』の和訓には、一般の訓点資料とは異なった位相の用語が豊富に含まれている点に特色があると言える。

『作文大躰』の訓点

旧解説に拠れば、全巻に亘って墨書の訓点と朱書の訓点が見られ、墨書の訓点は、片仮名の和訓と字音、声点（圏点）、返点、訓読符、合点で、朱書の訓点は、片仮名の和訓と声点（圏点）、句切点、返点、合符である。

朱書について、仮名は範囲が限られ、句切り点はすべて朱書、星点の返点、待点は朱書である。ヲコト点と思しき点が一箇所あるも確定できない。

墨点・朱点ともに、仮名の字体や訓点の用法、和訓・字音におけるm・nの区別が失われていてほぼ「ン」で表記されていることなどを根拠に、鎌倉時代後期の加点と推定されている。加点者は未詳であるが、『世俗諺文』と同様、一部に仏家読みの訓法が見られ、真言宗の僧侶が加点した可能性が提示されている。

この旧解説を承け、ここでは特に声点に注目し、その特徴を指摘したい。

本書の声点は、平・平軽・上・去・入軽・入の六声体系であると見られる。本文に、

・略頌曰平上去入者依下軽重清濁者依上。平声之軽東。重者同。入声之軽者徳。重者独。…上声之重渉於去声々々之軽渉於上声逓難分別故也。（一五八2〜7）

とあり、平・上・去・入の各声に軽重を認めれば理論的には八声体系となるはずであるが、上声と去声については「難分別」つまり互いに渉って判別が難しいと説いている。[8] 抽象的、理論的にはあり得るが、上声・去声について実際には区別し難いとなると実現し得るのは六声体系であり、本書の声点もこれに従っていると見ることができる。

その声点は、主として字音読語について差されているが、必ずしもこれに限定されず、傍訓は和訓の読みを示している箇所にも声点が差されている例がある。

・基（モトキ）（平）平（一七〇5）
・栖（スミカ）（平）平（一七一1）
・晨（アシタ）（平）平（一七二6）
・温（アタ、カナラ）（平）平（一七八7）

また、「筆大躰」には、対句の字数を基準に対句の種類を紹介しているが、その例句には句末字の平仄を整えるように指示されており、所々、句末字に「平」「他」と小字で注記されている箇所がある。今、句末字に声点が差され、かつこれに「平」「他」の注記が施されている例を抽出し、『広韻』[9]の声調と照合してみる。

（1）句末字に「平」と注する字

貞（平軽）平（一六三7［広韻：三三平］）、佳（平）平（一六四1［広韻：一五平］）、文（平濁）平（一六五3［広韻：二〇平］）、拳（クエン）（平）平（一六五7［広韻：二四平］）、先（平）平（一六六2［広韻：二三平］）、牖（イウ）（平）平（一六六3［広韻：三七上］）、強（平）平（一六六5［広韻：三一平］）、文（平濁）平（一六六6［広韻：二〇平］）、基（モトキ）（平）平（一七〇5［広韻：八平］）、場（平）平（一七〇7［広韻：三一平］）、栖（スミカ）（平）平（一七一1［広韻：一三平］）、晨（アシタ）（平）平（一七二6［広韻：一七平］）、恩（平）平（一七三7［広韻：一七平］）、堂（平）平（一七八2［広韻：三一平］）、仁（平濁）平（一七八6［広韻：一七平］）、温（アタ、カナラ）（平）平（一七八7［広韻：一八平］）、明（平）平（一七九1［広韻：三三平］）、枢（トホソ）（平）平（一七九3［広韻：一二平］）、山（平）平（一八〇1［広韻：二一平］）、流（平）平（一八〇2［広韻：三七平］）

（2）句末字に「他」と注する字

色（入）他（一六五6［広韻：四二入］）、質（入軽）他（一六五7［広韻：一七入］）、用（去）他（一六六3［広韻：二去］）、説（入）他（一六六5［広韻：二四入］）、致（去）他（一六六6［広韻：六去］）、樹（去）他（一六七1［広韻：一二去］）、尺（入）他（一六七3［広韻：三五入］）、馬（上）他（一六七6［広韻：二九上］）、地（去）他（一七〇7［広韻：六去］）、候（去）他（一七二6［広韻：三七去］）、別（入）他（一七三7［広韻：二三入］）、物（入）他（一七五5［広韻：二〇入］）、畝（ホ）（上）他（一七七3［広韻：三七上］）、水（上）他（一八〇1［広韻：七上］）、歩（ホ）（去）他（一八〇2［広韻：一二去］）、畔（ホトリ）（去）他（一八一4［広韻：二四去］）

（1）については、句末に「平」と注する字に声点が差されている場合、その声調は平声（濁）もしくは平声軽であって例外がなく、かつ『広韻』でも平声で一致している[10]。（2）についても、句末に「他」と注記する字に声点が差されている場合は平声以外の上声・去声・入声及び入声軽であって例外がなく、その声調は『広韻』のそれと悉く一致している。つまり、本書の声点は切韻系韻書のそれと緊密な対応を見せるのであって、日本漢音の声調を反映していると見られるのである。少なくとも、本書に例として引用された句については、実際には訓読している字であっても句末に据える字の平仄は漢音声調に則って整えられていることが知られる。それは「平」「他」の注記のある字で声点の差されていない字についても、鮮平（一六三2［広韻：二一平］）、朗他（一六三3［広韻：三一上］）のように、漢音声調に従うものと見られる。さらに、実際には呉音で読まれた可能性のある仏教語についても句末字は漢音の声調に基づいて配置されていると見られる。たとえば、本書中の「仁和寺円堂供養願文」（一六九7〜一七四2）は、全文を引用し、これを対句の種類に分けて表示し、句末字に「平」「他」の注記がなされるが、その句中に「（百）僧」（一七二1）に「平」の注記があり、「（異）口」（一七二3）に「他」の注記がある。『広韻』では「僧」は四二平、「口」は三七上で注記と一致する。実際の漢音資料を参照しても、長承本『蒙求』では「僧」字はなく未詳であるが、「口」は「コウ（上）」（95行）であり、『広韻』と一致する。一方で、呉音資料では、「僧」は『法華経音訓』で「ソウ（上）（去）」（25／2／4）であり、「口」は『法華経単字』で「ク（平）」（51／1／1）であって、呉音声調とは対応しないことが分かる。

このように、本書の句末字の平仄は、切韻系韻書の声調と緊密に対応しており、声点は漢音声調を忠実に反映していると見られる。

【注】

（1）小林芳規「訓点解説」（天理図書館善本叢書和書之部編集委員会編『平安詩文残篇』、天理図書館善本叢書和書之部五七、天理大学出版部・八木書店発売、一九八四年）

（2）高松政雄「観智院本『世俗諺文』の声点」（『岐阜大学国語国文学』一三、一九七八年）

（3）石山裕慈「観智院本『世俗諺文』の漢字音（付・字音点分韻表）」（東京大学大学院人文社会系研究科国語研究室『日本語学論集』二、二〇〇六年）、石山裕慈「漢音声調における上声・去声間の声調変化―日本漢文の場合―」（神戸大学文学部国語国文学会『国文論叢』四八、二〇一四年）

（4）築島裕『平安時代の漢文訓読語につきての研究』（東京大学出版会、一九六三年）、小林芳規『平安鎌倉時代に於ける漢籍訓読の国語史的研究』（東京大学出版会、一九六七年）

（5）築島裕『訓点語彙集成』（汲古書院、二〇〇七〜二〇〇九年）

（6）本書の和訓については、西崎亨「世俗諺文和訓索引」（『訓点語と訓点資料』四八、一九七二年）が公にされており、適宜参照した。なお、同氏には、本書に関して次の論文もある。西崎亨「観智院本「世俗諺文」覚え書き　所謂「助字」の訓法に関して（付）「ヲ」と「オ」の仮名遣いについて」（『芸文攷』七、一九七六年）

（7）神田喜一郎『日本書紀古訓攷證』養徳社、一九四九年）、築島裕注（4）文献。

（8）沼本克明『平安鎌倉時代に於る日本漢字音に就ての研究』（武蔵野書院、一九八二年）

（9）国学基本叢書本。馬渕和夫『韻鏡校本と広韻索引　新訂版』（巌南堂書店、一九七〇年）に拠る。

（10）但し、「牖」字のみ外れる。「平」注記で平声の声点あるも『広韻』は上声。

新天理図書館善本叢書 第12巻　世俗諺文 作文大躰

2017年10月24日　初版発行　　定価（本体30,000円＋税）

編集　天理大学附属　天理図書館
代表　諸井慶一郎
〒632-8577 奈良県天理市杣之内町1050

刊行　（学）天理大学出版部
代表　前川喜太郎

製作　株式会社　八木書店古書出版部
代表　八木乾二
〒101-0052 東京都千代田区神田小川町3-8
電話 03-3291-2969（編集）-6300（FAX）

発売　株式会社　八木書店
〒101-0052 東京都千代田区神田小川町3-8
電話 03-3291-2961（営業）-6300（FAX）
https://catalogue.books-yagi.co.jp/
E-mail pub@books-yagi.co.jp

製版・印刷　天理時報社
製　　本　博勝堂

ISBN978-4-8406-9562-6　　第2期第3回配本